Vom Lachen der Engel und Menschen

Christoph Münchow (Hrsg.)

Vom Lachen der Engel und Menschen

Geschichten und Gedichte zu Advent und Weihnachten

Mit Illustrationen von Marie Geißler

EVANGELISCHE VERLAGSANSTALT
Leipzig

Christoph Münchow, Dr. theol., Jahrgang 1946, war im Dresdner Kreuzchor und studierte Evangelische Theologie in Berlin. Ab 1977 war er Gemeindepfarrer in Dresden, ab 1982 Direktor des Predigerseminars Lückendorf (Oberlausitz) und seit 1990 sächsischer Oberlandeskirchenrat. Inzwischen ist der geborene Zwickauer im Ruhestand und publiziert historische und literarische Stoffe.

Bibliographische Information der Deutschen Nationalbibliothek
Die Deutsche Nationalbibliothek verzeichnet diese Publikation in der Deutschen Nationalbibliographie; detaillierte bibliographische Daten sind im Internet über http://dnb.dnb.de abrufbar.

Printed in EU · H 7667

Das Buch wurde auf alterungsbeständigem Papier gedruckt.

Gesamtgestaltung: Ulrike Vetter, Leipzig
Autorenfoto: © Steffen Giersch
Druck und Binden: GRASPO CZ a.s., Zlín

ISBN 978-3-374-03333-1
www.eva-leipzig.de

Inhaltsverzeichnis

3. Kapitel: Hilfsgeschwader

4. Kapitel: Festtagslaune

CASINO
dalang

Prolog im Himmel

Dietrich Mendt

Von der Erfindung der Weihnachtsfreude

Die Geschichte, die ich euch erzählen möchte, spielt im Himmel, und ich bin in einiger Verlegenheit, wenn ihr mich jetzt fragt, wo der Himmel ist. Den Zeitpunkt unserer Geschichte kann ich euch genau nennen, es war im Jahre 1 vor der Geburt unseres Herrn, des Kindes Jesus von Nazareth. Aber wo? Als aufgeklärter Mensch der Gegenwart weiß ich natürlich, dass der Himmel nicht über uns ist. Aber ich weiß auch, dass es im Himmel ein großes Gelächter gegeben hat, als eine Fülle von kleinen und großen Kugeln ohne und später mit Menschen durch das Weltall sausten, die hofften, in den Himmel sehen zu können, oder auch hofften, gerade nicht in den Himmel sehen zu können, zum Beweis dafür, dass es so etwas gar nicht gibt. Natürlich gibt es so etwas, aber wo? Am ehesten glaube ich noch, dass man den Himmel sehen kann, wenn man zuerst in den Spiegel schaut und sich ansieht. Dann schließt man die Augen ganz fest und denkt nach. Worüber? fragt ihr. Über sich selbst natürlich! Warum? Ja, das kann ich so rasch nicht erklären, denn dann käme ich heute überhaupt nicht mehr zu meiner Geschichte. Ihr müsst es eben probieren, dann sprechen wir uns wieder.

Im Himmel war gerade eine Beratung, eine »Diskussion« würden wir sagen, aber im Himmel gibt es keine Diskussionen wie auf der Erde, obwohl man dort sehr oft miteinander berät und einander viel Kritisches sagt – aber es wird nichts übelgenommen. Und wo gibt es schon auf der Erde eine Diskussion, in der nichts übelgenommen wird? Im Himmel wird immer die Wahrheit gesagt, das heißt, es wird weder was verschwiegen noch was erzählt, was nicht stimmt. Und sowie einer laut reden und schimpfen will, verwandelt sich jedes Wort schon im Munde in ein gesungenes Halleluja. So ist das im Himmel.

Das Thema der heutigen Beratung war die Ankunft des Messias auf der Erde. »Ich meine, es ist soweit«, sagte Gott Vater. »Die Menschen haben lange genug ausgeharrt, und wir haben durch unsere Propheten die Sache schon mehrmals bekanntgegeben und versprochen, nun müssen wir endlich was tun. Über tausend Jahre warten die Menschen, das ist eine lange Zeit, wenigstens auf der Erde.« Und dann überlegten Gott und die Engel, die mit ihm im Himmel wohnten, wie man das wohl machen könne, den Messias schicken. Einer schlug vor, man solle einfach den jetzt regierenden König von Juda nehmen. »Du baust ihn um, Gott Vater, zu einem Heiligen, denn das ist er leider noch nicht. Aber du wirst sehen, wie gut er sich macht.« Andere waren mehr für einen Propheten, einer nannte sogar den Namen Johannes, der später der Täufer hieß. Wieder andere waren für einen Fürsten aus einem der übrigen Stämme Israels. »Einer, mit dem sie nicht so rechnen, kann sich eher durchsetzen! Denn wenn er aus dem Haus Juda kommt, vergleichen sie ihn mit dem großen König David, und womöglich schneidet er dann schlechter ab, der Messias. Das schadet unserem Ruf im Himmel.«

Gott Vater war mit keiner der vorgebrachten Ideen einverstanden. »Zu wenig Freude!«, sagte er. »Zu wenig Freude! Wenn der Messias kommt, sollen sich die Leute freuen. Gleich wenn sie ihn zum ersten Mal sehen, sollen sie sich freuen. Lachen sollen sie! Und ich fürchte, sie fürchten sich, anstatt zu lachen. Wenn einer mit einem Säbel kommt! Oder mit einer Krone und einem mächtigen Purpurmantel! Mit so einem redet man doch nicht, da geniert man sich, da hat man einfach Angst, auf der Erde.« Gott Vater schaute sich um. »Hier gibt's ja – mir sei Dank – so was nicht mehr. Kronen, Säbel und Purpurmäntel müssen sie alle unten lassen. Oder wenn er kommt wie ein Prophet, mit einem Kamelhaarfell und wildem Bart, das macht doch keine Freude. Wie muss einer aussehen, damit man sich freut?«

Der Engel Gabriel kaute an seinen Fingernägeln. Das tat er immer, wenn er scharf nachdachte, obwohl sich das auch im Himmel nicht gehört. »Schmeckt's?«, fragte Gott Vater. »Nein«, sagte Gabriel und wurde rot dabei, »ich werd' lieber eine Schere nehmen.« Alles lachte, aber Gabriel war noch nicht fertig. »Vielleicht wie ein Kind?«, sagte er.

»Über ein Kind freut man sich immer.« »Ein Kind?« Gott stemmte die Arme in die Seiten. »Ein Kind? Natürlich, ein Kind! Habt ihr schon ein einziges Mal einen Menschen gesehen, der sich fürchtet, wenn er ein Kind sieht, einen Säugling? Ich nicht. Das gibt's auf der ganzen Erde nicht und im Himmel erst recht nicht. Ein Kind macht immer Freude.« Gott Vater legte die Stirn ein wenig in Falten. Dann fügte er hinzu: »Wenigstens, wenn es noch klein ist.« Jetzt hatten sie's: ein Kind! Der Messias musste als Kind auf die Welt kommen. Und Gabriel sollte es den Menschen bekanntgeben, weil es seine Idee gewesen war. Das heißt, er sollte es dem Menschen bekanntgeben, den Gott als Mutter bestimmt hatte, Maria aus Nazareth. Aber Gabriel war nicht zufrieden. »Und wer spielt das Kind? Wen nehmen wir da? Das Kind von König Herodes? Das geht doch wohl nicht. Oder von einem Propheten? Oder von einem Rabbi aus Jerusalem? Das Kind wird erwachsen, daran muss man denken. Und es soll doch ein tüchtiger Erwachsener werden. Wer weiß, was ihm noch alles bevorsteht.« Alle dachten wieder angestrengt nach. »Wer spielt das Kind?«

»Ich«, sagte Gott Vater.

Jetzt hätte es im Himmel beinahe eine richtige weltliche Diskussion gegeben. »Du? Das geht doch nicht«, sagte der eine. »Ein richtiger Mensch? Gott als ein Kind? Da lachen ja die Menschen.« »Sie sollen doch lachen«, sagte Gott Vater. »Natürlich, lachen sollen sie. Aber sie sollen doch Gott nicht auslachen! Das ist doch was ganz anderes.« Gott Vater lächelte. »Vielleicht nicht. Ist es nicht besser, alle lachen, wenn sie mich sehen, auch wenn ein paar darunter sind, die mich auslachen?« »Und der Himmel? Der soll wohl leerstehen?« »Ja«, sagte Gott Vater. »Und wenn das schiefgeht unten auf der Erde?« »Es geht schief«, sagte Gott Vater, »aber das versteht ihr jetzt noch nicht.«

Im Himmel war es ganz still geworden. Gabriel kaute wieder an seinen Fingernägeln, aber diesmal bemerkte es keiner, außer vielleicht Gott, aber er tat so, als merke er nichts. »Es geht schief! Das sagst du so! Und wir? Denkst du gar nicht an uns?« Gabriel war nahe am Weinen. Gut, dass die Engel Männer sind und sich deshalb ein bisschen zusammennehmen müssen. »Natürlich denke ich an euch. Aber ich denke auch an die Menschen. Schließlich kann mit Engeln nicht mehr viel passieren. Aber mit den Menschen, mit denen kann sehr, sehr viel passieren. Und deswegen geht es schief mit mir.«

»Warum? Warum nur?« Das fragten mindestens sieben Engel gleichzeitig. »Damit es gut geht!«, sagte Gott Vater. »Aber da reden wir in vierunddreißig Jahren wieder drüber. Jedenfalls fängt es mit Freude an, weil es mit einem Kinde anfängt. Und das verspreche ich euch: Zuletzt wird wieder Freude sein, und sie wird bleiben!«

Detlev Block

Gott schickt Engel

Gott schickt Engel, ganz unglaublich viele,
himmlische und irdische quer Beet.
Engel für Verstand und für Gefühle,
kleine, große Engel früh und spät.

Engel auch mit menschlichen Gesichtern,
andre sieht du nicht, du ahnst sie nur.
Manche kommen mit Musik und Lichtern,
hinterlassen eine leise Spur.

Manche Engel kommen als Gedanke
und als gute Fügung in dein Haus
oder zu den Traurigen und Kranken,
lösen neuen Mut zum Leben aus.

Manche treten fröhlich und mit Power
und aus Fleisch und Blut in deinen Raum
oder bleiben nur für kurze Dauer
Gast und Bild in einem schönen Traum.

Andre Engel, flackernd und verschwiegen,
aber seltsam wie von Liebe warm,
nehmen Menschen, die im Sterben liegen,
auf dem Weg nach Hause in den Arm.

Wieder andre haben wirklich Flügel,
hell und dunkel oder leicht und schwer,
öffnen Mauern, Gitter, Schloss und Riegel,
aber Herz und Augen noch viel mehr.

Unbegrenzt ist Gottes Schöpferwille.
Alles, was du siehst, vielleicht auch nicht,
nimmt er wunderbar in ganzer Fülle
in den Dienst für sein Gebot und Licht.

Alle Engel haben seine Weisung:
Trost und Hilfe, Botschaft froh und ernst
und zu seiner Ehre die Lobpreisung –
ob du von den Engeln etwas lernst?

KRIPPENSCHAU

nw
W
sw
S
se

Jürgen Rennert

Die Weihnachtsgeschichte der Christen

(Nach den Evangelisten Lukas und Matthäus in Reime gesetzt)

Mirjam war mit Jo ein Paar.
Und sie lebten annehmbar.
Unbegütert, reich an Sorgen:
Was wird heute sein, was morgen?
Schwer trug Mirjam ihren Bauch,
In dem Jesus wuchs. Und auch
Eine Hoffnung für die Welt.
Jedes Kind, das Gott gefällt,
Macht ihr Mut, nicht aufzugeben,
Und so dauert unser Leben.

Josef, Mirjam siehst du hier
Schön flankiert von viel Getier.
(Dass sie so durchs Dunkel schreiten,
Kommt vom Staat. Auch früh're Zeiten
Waren gnadenlos, wenn's galt,
Zu erkunden, wer was zahlt.)
Doch nun wird es spannend, denn
Viele wolln nach Bethlehem.

Alle Welt bricht auf und quält
Sich durchs Land. Quirinius zählt!
Kein Hotel, kein Luxusbau
Haben Raum für Josefs Frau
Und ihr Kind, das kommen will.

Dunkel steht die Nacht und still.

Abgewiesen von den ihren,
Finden sie Asyl bei Tieren.
Mirjam bringt im Stall auf Stroh
Gott zur Welt. Und wir sind froh.
(Wie der Engel überm Dach
Sinnen wir dem Wunder nach.)
Unterm First die Tauben schweigen,
Während Sterne fallen, steigen.

Josef deckt in aller Ruh
Jesus zärtlich ein und zu.
Und wie Mirjam blickt der Kater:
Mensch, das Baby! Gott, der Vater!

Himmelsstille herrscht im Stall.
Aber draußen gibt's Krawall.
(»Ich bin Hirte, wer ist mehr?
Who is who? Sprich: Wer ist wer?«)

Vater Gott schickt noch zur Nacht
Seine Engel aus: Wer wacht,
Wie die Hirten auf dem Feld,
Soll gleich wissen, dass die Welt
Sich nicht länger ängsten muss.

(Denn durch Jesus macht Gott Schluss
Mit der Unvorstellbarkeit
Seines Seins in Raum und Zeit.
Wer mit Jesus wächst, lebt, reist,
Weiß, was Gott gefällig heißt.)
»Keine Furcht mehr! Große Freude
Allem Volke! Aus dem Leide
Reißt Euch, den in Davids Stadt
Mirjam heut geboren hat!«

Engel sind, dir dämmert's schon,
Wesen, die uns nicht bedrohn,
Sondern wie auf Flügeln tragen,
Wenn wir lahmen und verzagen.
(Dass wir sie so selten sehen,
Ist, weil wir kaum in uns gehen!)

Als die Engel aufgestoben,
Haben Hirten sich erhoben:
»Lasst uns die Geschichte sehen ...«
(Merke: Christsein kommt von Gehen!)

Bei Matthäus steht zu lesen,
Dass noch andre wach gewesen.
Weise aus dem Morgenland
Sahen, was am Himmel stand:
Über Bethlehem ein Stern,
Riesengroß und leuchtend fern.

Und sie schnürten ihre Sachen,
Um sich auf den Weg zu machen.
Sie missdeuteten dies Zeichen
Als: Herodes muss gleich weichen!
Ihre Schriften wiesen aus:
Juda steht jetzt Glück ins Haus!

Ehe sie zum Stall gelangten,
Wurden sie verhört, vernommen.
Da so viele um sie bangten,
Sind sie schließlich freigekommen.
Myrrhe, Weihrauch, Geld in bar
Brachten sie dem Jesus dar.

Und sie sahn, was du hier siehst:
Eine Welt, die Gott genießt!

Engel, Kater, Esel, Ochs
Scharn sich um die Futterbox,
Denn das Kind, das in ihr liegt,
Träumt, dass niemand sich bekriegt.
(Friede wird, wenn wir ihn stiften
Und was giftig ist, entgiften.)
Noch bis heute sucht das Kind
Menschen, die ihm ähnlich sind.
Und vor allem: ähnlich bleiben.
Lass dich also, Kind, nicht treiben,
Bald zu werden wie wir Alten,
Die wir uns bloß kindisch halten.
Jesus fordert von den Frommen:
»Lasst die Kinder zu mir kommen!«
Denn er weiß: Nur Kinder wissen
Tief, dass wir uns ändern müssen.

Wie wir Menschen sind, so waren
Wir vor zweimal tausend Jahren:
Gut und böse, stark und schwach,
Alles unter einem Dach.
Unsre Herren in den Staaten
Lassen sich nur schlecht beraten.
Rechtens wittern sie, dass man
Sie sehr gut entbehren kann.
King Herodes wittert's auch.
Jeder halbwegs runde Bauch
Lässt ihn fürchten, dass in ihm
Sich ein menschliches Regime
Vorbereitet. Mörderbanden
Schickt er aus, in seinen Landen
Umzubringen, was soeben
In die Welt kam und ins Leben.
(Eh' im Stall die Schemel kippten,
Flohn die drei schnell nach Ägypten.)

Karel Čapek

Die Heilige Nacht

»Nein, so was!« zeterte Frau Dinah. »Wenn's anständige Leute wären, gingen sie zum Bürgermeister, anstatt herumzubetteln! Warum haben die Simons sie denn nicht aufgenommen? Warum sollen ausgerechnet wir sie aufnehmen? Sind wir vielleicht was Schlechteres als die? Simons Frau würde so ein Gesindel nicht ins Haus lassen. Nein, so was, Mann, daß du dich wegwirfst an ... ich weiß nicht, wen!«

»Schrei nicht so«, knurrte der alte Isachar, »sonst hören sie's noch!«

»Sollen sie's nur hören«, sagte Frau Dinah, ihre Stimme noch mehr erhebend. »Unerhört! Das wäre ja gelacht, wenn ich wegen irgendwelcher Landstreicher nicht mal mehr im eigenen Haus einen Mucks sagen dürfte. Kennst du sie? Kennt sie sonst jemand? Er sagt: Das ist meine Frau! Seine Frau, haha! Ich weiß doch, wie es bei solchem Gesocks lang geht! Daß du dich nicht schämst, so was ins Haus zu lassen!«

Isachar wollte einwenden, daß er sie ja bloß in den Stall gelassen habe, behielt es aber für sich; er war froh, wenn er seine Ruhe hatte.

»Und sie«, fuhr Dinah entrüstet fort, »sie ist in anderen Umständen, daß du Bescheid weißt. Herrgott, das hat uns gerade noch gefehlt! Jesus Maria, damit wir womöglich ins Gerede kommen! Sag mal, du warst wohl nicht ganz bei Troste?« Frau Dinah holte tief Luft. »Versteht sich, einem jungen Weibsbild kannst du nichts abschlagen. Als sie dir schöne Augen gemacht hat, konntest du dich zerreißen vor lauter Gefälligkeit. Für *mich* hättest du's nicht getan, Isachar! Richtet euch nur ein Lager her, liebe Leute, im Stall liegt Stroh in Hülle und Fülle – als ob wir in ganz Bethlehem die einzigen wären, die einen Stall haben! Warum haben Simons ihnen denn nicht ein Bund Stroh gegeben? Weil die Simonsche sich das von ihrem Mann nicht hätte gefallen lassen, verstehst du. Nur ich bin so ein Waschlappen, der zu allem ja und amen sagt ...«

Der alte Isachar drehte sich zur Wand. Vielleicht hört sie bald auf, dachte er, ganz unrecht hat sie zwar nicht, aber so ein Geschrei zu machen wegen ...

»Fremde Leute ins Haus zu holen!« lamentierte Frau Dinah in gerechtem Zorn. »Wer weiß, was das für welche sind!« Ich kann jetzt vor Angst die ganze Nacht kein Auge zutun! Aber das ist dir gleichgültig, nicht wahr? Für andere machst du alles, bloß für mich nichts! Wenn du ein einziges Mal auf deine abgerackerte und kranke Frau Rücksicht nehmen würdest! Und morgen früh soll ich wohl hinter ihnen saubermachen? Wenn der Kerl Zimmermann ist, warum arbeitet er dann nicht irgendwo? Wieso soll gerade ich soviel Schererei haben? Hörst du, Isachar?«

Aber Isachar, das Gesicht zur Wand, tat, als schliefe er. »Heilige Jungfrau Maria«, seufzte Frau Dinah, »hab ich's schwer! Die ganze Nacht muß ich mir vor lauter Sorgen um die Ohren schlagen ... Und er schläft wie ein Murmeltier. Sie können uns das Dach überm Kopf wegtragen – er schnarcht ... Mein Gott, ist das ein Kreuz!«

Es war still, nur des alten Isachars Schnarchen erfüllte das Dunkel.

Gegen Mitternacht weckte ihn das unterdrückte Stöhnen einer Frau. Sackerlot, dachte er erschrocken, drüben im Stall wird was sein. Wenn bloß Dinah nicht davon aufwacht ... Das gäbe wieder eine Litanei!

Er lag regungslos, wie schlafend.

Nach einer Weile war abermals Stöhnen zu vernehmen. Lieber Gott, erbarme dich! Gib, daß Dinah nicht aufwacht, betete der alte Isachar beklommen, aber da merkte er auch schon, daß sich Dinah an seiner Seite regte – sie richtete sich auf und lauschte gespannt. Jetzt gibt's ein Donnerwetter, sagte sich Isachar zerknirscht, blieb aber mucksmäuschenstill.

Frau Dinah stand lautlos auf, warf sich ein Wolltuch um die Schultern und ging auf den Hof. Sie wird sie rausschmeißen, überlegte Isachar ohnmächtig. Aber ich mische mich da nicht ein, soll sie tun, was sie will ...

Nach einer sonderbar langen Stille kehrte Frau Dinah auf leisen Sohlen zurück. Isachar, ganz schlaftrunken, meinte Holz knistern und prasseln zu hören, aber er nahm sich vor, sich nicht zu rühren. Vielleicht friert Dinah, dachte er, und macht deshalb Feuer.

Dann schlich Dinah erneut hinaus. Isachar blinzelte und gewahrte überm lodernden Feuer einen Wasserkessel. Wozu das? fragte er sich verwundert und nickte gleich wieder ein. Er erwachte erst, als Frau Dinah, den dampfenden Wasserkessel in der Hand, mit eigentümlich eifrigen und gewichtigen Schritten hinauseilte.

Das befremdete Isachar; er stand auf und zog sich etwas über. Ich muß doch mal nach dem Rechten sehen, entschied er energisch, doch in der Tür stieß er mit Frau Dinah zusammen.

Sag mal, was rennst du hier herum? wollte er hervorstoßen, kam aber nicht dazu.

»Was hast du hier zu gaffen?« fuhr ihn Frau Dinah an, und schon lief sie wieder mit einem Armvoll Lappen und Leinentüchern auf den Hof. Auf der Schwelle drehte sie sich um. »Geh ins Bett«, fauchte sie, »und ... steh uns nicht im Weg, hörst du?«

Der alte Isachar tappte hinaus auf den Hof. Vor dem Stall sah er eine breitschultrige Männergestalt ratlos dastehen und trat auf sie zu. »Jaja«, brummelte er besänftigend. »Sie hat dich rausgesetzt, was? Jaja, Josef, diese Weiber ...« Und um von ihrer beider Ohnmacht abzulenken, sagte er rasch: »Guck mal, ein Stern! Hast du schon mal so einen Stern gesehen?«

Gerhard Schöne

Ich steh an deiner Krippen hier

1. Ich steh an deiner Krippen hier,
o Jesu, du mein Leben.
Was habe ich, was bring ich dir,
das du mir hast gegeben?
Mein Geist, so wirr, mein Mut so klein,
mein Herz ein schwerer Wackerstein,
wird dir nicht mehr gefallen.

2. Mein wacher Sinn hat sich beschränkt
aufs liebe Geldverdienen.
Da Leben, das du mir geschenkt,
besteht nur aus Terminen.
Es fehlt ihm Leichtigkeit und Schwung,
und trotz Lebensversicherung
ist es geplagt von Ängsten.

3. Ich sehe dich mit Zweifeln an
Und will mich von dir wenden.
Das Geld, das ich dir geben kann,
klebt fest an meinen Händen.
'ne kleine Spende bring ich dir,
dann ist's Gewissen still in mir
und ich kann besser schlafen.

4. Ich lieg in tiefer Todesnacht.
Kein Traum will mehr gelingen.
Hab Tür und Fenster zugemacht.
Der Mund mag nicht mehr singen.
O Gott des Lebens, hol mich raus!
Brich ein in dieses tote Haus
und mach es hell darinnen.

Christian Lehnert

Weihnachtsgesang

(Variantion zu einem Lied von Paul Gerhardt)

Nun, du bist hier, da liegest du,
Hältst in dem Kripplein deine Ruh;
    Bist klein und machst doch alles groß,
    Bekleidst die Welt und kömmst doch bloß.
    Alleluja.

Unerwartet der Schwall Blut und das schwarze, kaum erträgliche
Köpfchen, das Haar wie ein Raubtier inmitten
der zerfetzten Beute. Ich sah Hunde nahen, die bellenden
Hündinnen, die sich in meinem Fleisch verbissen,
aber es schmerzte nicht, es
beschrieb nur, was hätte geschehen können,
wie eine Lawine
niederkäme, über Krüppelbäume in die Tiefe.

Adoramus te, talgiges Haar und der Puls unter der offenen
Fontanelle, *adoramus te,* überfettete Finger und schwarze
Schmiere um den After, die winzigen
Kuppen der Fersen, *adoramus te,* rasender
Herzton, der du mir vertraut bist
wie eine Tonfolge, wie eine Schwingung durch die Felder,
schattenloses Licht, *adoramus te,*
geboren und sollst nicht verlöschen, *adoramus te domine.*

Du kehrst in fremder Hausung ein,
Und sind doch alle Himmel dein;
Trinkst Milch aus einer Menschenbrust
Und bist doch aller Engel Lust.
Alleluja.

Seine Augen, geöffnet für Sekunden:
Tausende glasige Fische schlüpfen aus einem Laichtropfen
und stürzen sich ins Dunkel des Ozeans.
Die schwarzen Pupillen, aus denen der erste Tag dringt,
schauen nach innen
in die Zukunft, und du siehst ihnen nach,
hallst nach, ein Echo,
das Erinnern, wie Wasser über die Erde schießt und versickert.

Luigi Pirandello

Die Krippe eines Goi

Mein Freund Daniel Catellani weiß nur zu gut, wie die Welt beschaffen ist. Jesus, jawohl meine Herren! Alle Menschen Brüder! Wenn sie sich dann auch gegenseitig niedermetzeln. Nichts natürlicher als dies. Und alles ist vollkommen logisch, denn das Recht steht ja auf beiden Seiten: so daß man, wenn man sich auf die eine Seite stellt, notgedrungen das billigen muß, was man vorher auf der anderen verleugnete.

Jasagen, jasagen, immer nur jasagen.

Und allenfalls vorher, in der ersten Überraschung, einfach hinauslachen. Aber dann jasagen, immer und zu allem jasagen!

Auch zum Krieg, jawohl!

Im letzten Jahr des großen europäischen Krieges jedoch beschloß Herr Daniel Catellani seinem Herrn Schwiegervater einen Streich zu spielen – einen von denen, die man nie wieder vergißt.

Man muß nämlich wissen, daß Herr Ambrini, ungeachtet des großen Völkermordens, die Unverfrorenheit hatte, in jenem Jahr das heilige Weihnachtsfest feierlicher denn je mit den lieben Enkelchen begehen zu wollen. So hatte er eine Unmenge von Tonfigürchen anfertigen lassen: kleine Hirten, die ihre bescheidenen Gaben zum Stall von Betlehem bringen und dem neugeborenen Jesuskind darbieten: Schüsselchen mit schneeweißem Quark, Körbchen mit Eiern und Ziegenkäse; dann auch viele kleine Herden flaumiger Schäfchen, und Eselchen, die ebenfalls mit den reichsten Gaben beladen waren, und hinter ihnen alte Bauern und Feldwächter. Und auf ihren Kamelen saßen, in wallenden Mänteln, die Krone auf dem Haupt und feierlichen Angesichts, die heiligen drei Könige, die mit ihrem Gefolge aus weiter, weiter Ferne dem Stern nachgegangen waren, der nun über dem Stall aus Kork haltgemacht hatte, darin auf einem kleinen Bündel richtigen Strohs zwischen Maria und Josef das rosigwächserne Jesusknäblein lag; und der heilige Josef hielt den blühenden Stab in der Hand, und hinter ihm standen Ochs und Esel.

Auf Wunsch des lieben Großvaters sollte die Krippe diesmal besonders groß und prächtig sein, mit Hügeln und Abgründen, Agaven und Palmen, und mit kleinen Wegen, auf denen man all jene Hirten herankommen sah (die deshalb auch verschieden groß waren), zusammen mit den Schaf- und Eselherden und den heiligen drei Königen.

Über einen Monat lang hatte er daran gearbeitet, und zwei Handwerker hatten in einem Zimmer ein eigenes Gestell für die Krippe aufgeschlagen. Diese sollte von einem Kranz blauer Lämpchen beleuchtet werden; und aus den Sabinerbergen hatte er zwei Bauernburschen bestellt, die am Weihnachtsabend den Dudelsack blasen sollten.

Die Enkel natürlich durften nichts davon wissen.

Wenn sie am Heiligen Abend, dicht eingemummelt und ganz durchgefroren, von der Christmesse zurückkamen, sollten sie zu Hause durch die Dudelsackklänge überrascht werden, durch den Duft des Weihrauchs und der Myrrhe und durch die Krippe, die wie ein Märchen dort im blauen Lichterglanz stehen würde. Und alle Hausbewohner sollten dann, zusammen mit den zum Festschmaus eingeladenen Verwandten und Freunden, das große Wunderwerk bestaunen, das den Großvater Pietro soviel Mühe und einen hübschen Batzen Geld gekostet hatte.

Herr Daniel hatte ihn, ganz in sein geheimnisvolles Tun vertieft, im Haus herumgehen sehen und hatte gelacht; er hatte das Gehämmer der beiden Handwerker gehört, die drüben das Gestell für die Krippe zimmerten, und hatte gelacht.

Der Teufel, der seit soviel Jahren in seiner Kehle sein Quartier aufgeschlagen hatte, wollte ihm in dieser Weihnachtszeit überhaupt keine Ruhe mehr gönnen: und er lachte und lachte den lieben langen Tag. Vergebens hob er die Hände und gebot ihm still zu sein; vergebens ermahnte er ihn, den Bogen nicht zu überspannen.

»Nur keine Angst!« – hatte ihm der Widersacher in seinem Inneren geantwortet. »Wir werden ihn schon nicht überspannen. Aber wer könnte leugnen, daß diese Hirten mit den Quarkschüsselchen und den

Körbchen mit Eiern und Ziegenkäse ein entzückender Scherz sind? Schau nur, wie sie alle auf den Stall von Betlehem zumarschieren! Nun, wir werden das Spiel mitmachen, sei unbesorgt! Auch wir wollen unseren Spaß haben, und er wird nicht weniger hübsch sein! Du wirst schon sehen!«

So hatte sich Herr Daniel von seinem bösen Geist in Versuchung führen lassen; nicht zuletzt aber auch von der verfänglichen Überlegung, daß es ja nur ein Spiel bleiben würde.

Als der Weihnachtsabend gekommen war und Herr Pietro Ambrini sich mit Tochter und Enkeln und dem ganzen Gesinde in die Christmette begeben hatte, betrat Herr Daniel Catellani, vor einer fast närrischen Freude am ganzen Leibe zitternd, das Krippenzimmer. Er nahm in aller Eile die heiligen drei Könige und die Kamele fort, die Schäfchen und die Eselchen, die Hirten mit ihrem Ziegenkäse und ihren Eierkörbchen und ihren Quarkschüsselchen, alle Personen und Gaben für den lieben Herrn Jesus, die sein böser Geist in jener Kriegsweihnacht unpassend fand, und stellte an ihren Platz andere, geeignetere Spielsachen. Na, was wohl?

Oh, nichts weiter: Bleisoldaten, ganze Heere von Bleisoldaten jeder Nationalität, Franzosen und Deutsche, Italiener und Österreicher, Russen und Engländer, Serben und Rumänen, Bulgaren und Türken, Belgier, Amerikaner, Ungarn und Montenegriner, und alle ließ er das Gewehr auf den Stall von Betlehem anlegen. Und dazu unzählige kleine Bleikanonen, ganze Batterien von verschiedener Form und Größe, auch sie allesamt von allen Seiten gegen den Stall von Betlehem gerichtet. War das nicht wirklich ein ganz neues und anmutiges Schauspiel?

Dann versteckte er sich hinter der Krippe.

Und nun möget ihr euch selbst ausmalen, wie er dort in seinem Schlupfwinkel lachte, als Großvater Pietro mit den Enkelchen und der Tochter und der ganzen Gästeschar aus der Christmette nach Hause kam, um die prächtige Bescherung zu bewundern, während schon der Weihrauch durchs Zimmer zog und die Dudelsackpfeifer ihre Instrumente ertönen ließen.

Fadiey Lovsky

Eine Eule zu Besuch

An diesem trüben Mittwochabend – es war im November – hatte ich gerade zu schreiben begonnen, als jemand ans Fenster klopfte. Den ersten Stock bewohnen und plötzlich am Fenster verlangt zu werden – Sie werden mir zustimmen, das ist ein Anlass, sich zu wundern! Ich sprang also erstaunt auf und sah vor den regennassen Scheiben eine Eule, die zu verstehen gab, dass sie sich bei mir aufzuwärmen wünsche.

Nun ja, ich öffnete das Fenster, und gleich richtete sich mein Besucher sehr würdevoll und bedächtig auf der Schreibmaschine ein. Zwar rechne ich mich gerne zu den Menschen mit toleranter Veranlagung, aber hier bezeugte ich durch kühle Distanz, dass ich die Ungeniertheit des nächtlichen Vogels wenig schätzte. Auch hatte er, so schien mir, nicht den mindesten Grund, Fragen zu stellen:

»Was treiben Sie hier, Kollege?«

»Ich wüsste nicht, inwiefern ich die Ehre hätte, Ihr Kollege zu sein«, bemerkte ich trocken.

Die Eule bewegte ihren Federbusch, bevor sie mir in höchst ehrerbietigem Ton eine Antwort gab:

»Das kommt in der Tat auf den Gesichtspunkt an. – Entschuldigen Sie bitte den kleinen, wenig geistreichen Scherz, unter Ihre Augen zu treten. Wenn ich bitten darf, ärgern Sie sich nicht, und werfen Sie mich nicht gar aus dem Fenster hinaus. Es ist so schön bei Ihnen!«

Ich murmelte irgend etwas.

»Oh«, erwiderte sie, »seien Sie unbesorgt, ich werde nicht lange bleiben, ich habe heute noch andere Verpflichtungen ... Sie haben eben geschrieben?«

»Ja«, sagte ich, ohne mich auf Einzelheiten einzulassen.

»Sie sehen nicht aus, als seien Sie besonders glücklich darüber!«

»Grundgütiger Himmel, nein!« rief ich aus und erklärte ihr, der Zeugin meiner inneren Krise, warum ich so schlecht gelaunt sei: »Ich versuche, eine Weihnachtsgeschichte zu schreiben!«

Diese Nachricht schien die Eule gewaltig zu fesseln. Sie wurde geradezu leutselig: »Ich würde es als ein unerhörtes Vergnügen ansehen, wollten Sie mir die Erzählung vorlesen, sobald sie fertig ist.«

»Das wird nicht heute sein, nicht morgen, nicht übermorgen«, antwortete ich mürrisch.

»Woran liegt's denn, dass die Arbeit nicht vorangeht?«

»Sie haben recht: die Arbeit rückt überhaupt nicht vom Fleck!«, rief ich in einer Anwandlung von Zorn aus. »Woran es liegt? Glauben Sie, dass es Spaß macht, Weihnachtsgeschichten zu schreiben? Nach meinen Rechnungen werden davon jährlich fünfzig- bis sechzigtausend produziert. Ja, produziert. Soll ich nun, bitte sehr, bei solch einer Konkurrenz noch irgend etwas Originelles, Reizvolles und Neues dazuerfinden? Bewundern Sie die Perfidie meines Direktors: ›Sie haben eine gewandte Feder. Lassen Sie sich inspirieren und liefern Sie im Laufe des Dezember eine Weihnachtsgeschichte.‹ Das schrieb er am 25. November. Beachten Sie das Datum!«

»Schreiben Sie was anderes!«

»Verstehen Sie doch: der Direktor sieht es als Schande an, wenn er in einer der Adventsnummern nicht irgendeine Weihnachtsgeschichte veröffentlicht. All die Beschwerden der Abonnenten! Es gibt bei uns etwas Heiligeres als das Allerheiligste: der Leserbriefkasten – huh!«

Die Eule schwieg – entwaffnet vom Eigensinn des Direktors und (sagen wir es so:) dem Konservatismus der Leserschaft. Ich beobachtete jetzt meinen Besucher sehr aufmerksam. Schließlich hat man ja nicht alle Tage Gelegenheit, mit einer derartig profilierten Persönlichkeit aus der Familie der Eulen zu plaudern. Sie schien mir intelligent und – ich weiß nicht warum – außerordentlich bejahrt.

Endlich, nach langem Schweigen, sagte sie:

»Ich wüsste wohl allerlei von Weihnachten zu erzählen.«

Ich wurde sogleich äußerst liebenswürdig und drang in sie, ihren Bericht zu beginnen. Nach einiger Ziererei fragte sie schließlich:

»Lesen Sie mitunter die Bibel?«

»Zuweilen schon«, antwortete ich vorsichtig.

»Dann sagen Sie mir, ob Sie irgend etwas zum Thema Ochs und Esel in der Heiligen Schrift gefunden haben, worüber sich alle Fabrikanten von Weihnachtsgeschichten so reichlich auslassen. Könnten Sie mir wohl die betreffende Stelle zitieren?«

Natürlich konnte ich dem Vergnügen nicht widerstehen, mein Wissen auszubreiten, und erwähnte die ersten Verse des Propheten Jesaja; aber die Eule rief mich zur Ordnung, indem sie die Flügel auf und nieder schlug. Eingeschüchtert brummte ich:

»Bis auf die Erwähnung ... augenscheinlich ... offenbar ... Sie haben recht, Ochs und Esel haben sich in die Weihnachtsgeschichte eingeschlichen!«

Die Eule stieg von der Maschine herab und richtete sich auf meinem Blatt Papier behaglich ein, um mich besser belehren zu können:

»Keinesfalls, keinesfalls! Sie haben mich völlig falsch verstanden, mein Herr. Das wollte ich gar nicht sagen, was Sie jetzt in ihrer Selbstgefälligkeit als Mensch unseres Jahrhunderts – und lassen Sie mich hinzufügen –, des Geschichtsschreibers, zu verstehen geben. Nein, Ochs und Esel sind keine ungebetenen Gäste. Wenn auch Ihre Kollegen Lukas und Matthäus darüber nicht berichten, so gibt es immerhin ein anderes Evangelium – die Theologen nennen es Pseudo-Matthäusevangelium –, das zu erzählen weiß, wie beide Tiere das kleine Kind anbeten und zu wärmen versuchen. Nun wohl, mein Herr« – und ich gewahrte im Gesicht meines Besuchers einen so feierlichen Ausdruck, dass ich unwillkürlich meinen Füllfederhalter ergriff –, »ich kann Ihnen versichern, dass sich Ochs und Esel nicht die Sympathien der nachfolgenden Generationen einfach erschlichen haben. Ich versichere es Ihnen, weil ich der letzte Zeuge dieser denkwürdigen Ereignisse bin. Schauen Sie mich nicht so entsetzt an! Reiben Sie sich auch nicht Ihre Augen, Sie träumen keineswegs. Ja, ich war dabei«, sagte die Eule und ereiferte sich, »und ich lege größten Wert darauf, dem Esel Gerechtigkeit widerfahren zu lassen. Sicherlich zählt er nicht zu den begabtesten Geschöpfen, aber ich muss bekennen, dass er sich in der großen Zeit von Bethlehem selbst übertraf. Am Heiligen Abend sprach er zu mir: ›Die

Volkszählung scheint wohl etwas anderes als ein Jahrmarkt zu sein.‹ (! – und weiter:) ›Ich habe den Eindruck, dass sich dabei recht ungewöhnliche Dinge zutragen.‹ Er sagte mir das, denn ich besaß damals noch ein impulsives Gemüt, ich war gesellig und umgänglich und zählte zu jenen Mitkreaturen, denen man bisweilen schon vertrauliche Eröffnungen machen kann, wenn man über Nacht gemeinsam eingesperrt ist. Ich hatte mein Hauptquartier am Ende des Deckenbalkens bezogen, und da der Esel Lust hatte, noch ein wenig wach zu bleiben, kam er unter den Balken, um mit mir ein Plauderstündchen zu veranstalten. Als die Familie – Sie wissen, welche ich meine – bei uns eintraf, lief der Esel aufgeregt unter meiner Wohnung hin und her und schrie unentwegt: ›Das ist jetzt nicht der Augenblick zu schlafen! Es ist soweit, es ist soweit!‹ O ja, der Esel verhielt sich äußerst würdevoll unter den Umständen, die ich mir, auf Ihren Wunsch hin, erneut vor Augen führe. – Aber es bereitet mir nicht minder großes Vergnügen, auch vom Ochsen gleichermaßen Gutes berichten zu dürfen. Er ragte wahrhaft über sich hinaus. Gewöhnlich spielte er den stolzen Herrn des Hauses, und ich wäre nicht verwundert gewesen, wenn er mich darauf aufmerksam gemacht hätte, dass die Wahl unseres Stalles für die Geburt des Kindes in besonderer Beziehung zu seinen persönlichen Verdiensten stünde. Aber nein – mit diesem Ereignis vollzog sich so etwas wie eine Wandlung im Leben des Ochsen.«

Die Eule verstummte für kurze Zeit. Ich entschloss mich zu einem Einwand, der mir schon lange auf der Zunge lag, aber sie ließ mich nicht zu Worte kommen.

»Ich kenne Ihre Gedanken, lassen Sie! Sie möchten wissen, warum in allen uns überlieferten Berichten stets nur von Ochs und Esel gesprochen wird, während bisher nichts von jener Verehrung bekannt wurde, die ich, ja auch ich, dem Kind entgegenbrachte. Vielleicht verdächtigen Sie mich sogar des Betruges. Protestieren Sie nicht, hören Sie lieber zu. Einmal besaß ich nicht die erforderliche äußere Erscheinung, um eine historische Persönlichkeit zu werden – man wurde eben nicht aufmerksam auf mich! –, und zum anderen machte ich mich zum eigenen Opfer meiner Bescheidenheit: ich blieb auf dem Balken sitzen. Vor allem aber zählte ich mich in dieser Nacht der Nächte, da alle Welt in den Himmel starrte, um Stern, Engel und blendendes Lichtergefunkel wahrzunehmen, zum ärmlichen Dekor. Ich schwöre Ihnen, dass ich an nichts Weiteres dachte, als dieses bescheidene und doch so ungewöhnliche Schauspiel, aus dem Hintergrunde mitzuerleben. Und ich habe alles gesehen: das kleine Kind in seinem engen, dürftigen Bettchen, nur von Marias fürsorglichen und liebevollen Blicken zugedeckt, und des Ochsen mühevolles Werk, vorsichtig Wärme aus seinen Nasenlöchern zu pusten. Das alles strahlte eine große Innigkeit und Einfalt aus. Maria legte das Kindchen bald auf die rechte, bald auf die linke Seite. Das erstaunlichste Ereignis der Welt trug sich auf ungezwungene und einfache Art zu: das Kindchen schlummerte, Joseph druselte vor sich hin, und wir drei, Ochs, Esel und ich, wir versuchten, Loblieder zu singen. Des Esels Gesang klang ungestüm, der des Ochsen besinnlich und der meinige über alle Maßen leicht und schwebend, ich möchte sagen, geradezu lieblich.«

»Sahen Sie die Hirten?« fragte ich.

»Wen bitte? Die Hirten? – Gewiss doch. Sie machten ja nicht wenig Lärm, als sie eintraten – und noch mehr, als sie uns wieder verließen (Joseph schloss die Tür gleich hinter ihnen), aber während der ganzen Zeit, die sie im Stallinnern waren, gingen sie nur auf Zehenspitzen und wandten die größte Sorgfalt auf, nicht einen Strohhalm knistern zu lassen. Auch sprachen sie kein einziges Wort. Wer eine Mütze hatte, begnügte sich, sie vor den Leib zu halten und in den Händen zu drehen. Einer beugte seine Knie, die anderen weinten. Es wirkte sehr einfach, sehr innig, und dennoch glaubte man fast, ein Stück Himmel sei in den Stall gekommen. Ich weiß nicht, ob ich mich klar genug ausdrücke, aber anders kann ich Ihnen meine Eindrücke nicht vermitteln.«

»Bemerkte das Kind, dass die Hirten zu ihm kamen?«

»Ihre Frage verrät eine theologische Grundhaltung, für die ich kein Verständnis habe«, sagte die Eule in einem Ton, der keinen Einwand duldete. »Das ›Kind‹ war ein richtiger Säugling, ein Baby, verstehen Sie? und nicht irgendein verdrehtes kleines Genie. Dann und wann plärrte es, wenn es nicht gerade schlief – und das genügte ihm. Wollte es nuckeln, dann veranstaltete es ein kleines Konzert, das Joseph beglückte, den Esel aber stark beunruhigte – denn das könnte der Heiligkeit des Kindes schaden, behauptete er. Natürlich war der Ochse entgegengesetzter Ansicht, und mir fiel es wieder zu, die großen Tiere zu versöhnen.«

»Erlebten Sie die Ankunft der drei Könige mit?«

»Natürlich.«

Mehr aber sagte die Eule nicht. Ich musste sie wohl mit meiner Vermutung, ihr könnte ein Teil der Ereignisse entgangen sein, sehr gekränkt haben. Wahrscheinlich war es das beste, sich auf Schmeicheleien zu verlegen. Ich stellte verworrene Fragen, gab mir selber noch verworrenere Antworten und äußerte schließlich den Wunsch, die Könige gewissermaßen aus erster Hand kennenzulernen.

»Das waren merkwürdige Leute. Sie führten Luxuskarawanen mit sich. Zwar haben wir niemals erfahren können, in welchen Landstrichen sie regierten (und ob sie wirklich regierten), jedenfalls sahen sie ziemlich gebildet und vornehm aus. Als sie eintraten, verkrochen wir drei uns in ein dunkles Eckchen. Und ich glaube, Joseph nahm sogar stramme Haltung an. Unsere Furcht war jedoch unbegründet, die Könige waren freundlich. Ja, sie waren sogar sehr freundlich.«

Die Eule neigte den Kopf zur Seite, blickte zur Schreibmaschine – und schwieg wieder einmal. Ihrer wohlmeinenden Beurteilung der Könige fügte sie weiter nichts hinzu. Mein Wissensdurst blieb ungestillt. Ich wagte also, die Frage zu stellen, wieso denn die Könige »sehr freundlich« gewesen seien.

»Das ist recht schwer zu sagen. Sehen Sie, ich muss Ihnen ein Geständnis machen: ich habe die Könige kaum zu Gesicht bekommen; deshalb nämlich, weil ich genau über ihnen saß. Die großen Federn, die rundum den Kopf schmückten, versperrten mir die Sicht, und als sie sich vor dem Kindchen neigten, sah ich nichts als einen Strauß grüner und roter Federn und drei in Seide gekleidete Rücken. Darunter müssen wohl die ehrerbietigen Gesichter der Könige gewesen sein – aber, wie gesagt, ich konnte sie ja nicht sehen –, und zuunterst lag das kleine Kind. Ja, das kleine Kind, das habe ich gesehen, obwohl es verborgen war. Es ließ sich durch die drei herausgeputzten Besucher nicht beeindrucken und auch durch Ochs, Esel und mich nicht. Ich habe eine verhältnismäßig genaue Erinnerung an jene Nacht, ohne dass das ein Verdienst der Könige gewesen wäre. Sehen Sie, als die Hirten kamen, gerieten wir nicht in Verlegenheit, meine zwei großen Freunde und ich. Es waren eben Leute aus unserer Welt, wir kannten sie und ihresgleichen seit langer Zeit und verstanden ihre Sprache. Die geheimnisvollen Souveräne aber gaben fremde und unverständliche Worte von sich – bitte, das soll kein Vorwurf sein! Mit großer Anmut wandten sie sich dem Kinde zu und huldigten ihm. Als sie dann wieder abreisten, sahen wir ihre Geschenke auf der Erde.«

Die Eule schwieg ein kleines Weilchen. Dann sagte sie unvermittelt:

»Das ist sie.«

»Bitte?«

»Nun, das ist sie. Das ist Ihre Weihnachtserzählung.«

Mir blieb fast das Herz stehen. Erst nach geraumer Zeit kam ich wieder zu mir. Ich stammelte und haspelte, obgleich das nicht meine Gewohnheit ist bei erregenden Vorkommnissen.

»Sie nennen das eine Weihnachtsgeschichte? Wirklich? Und Sie glauben, mein Direktor wird ... Ihre nette Plauderei ... Ihre reizvollen Impressionen ...? Er will doch nicht ... nein, so zungenfertig, wie er ist! ... und wie er mit der Feder umgeht! ... Sie meinen, er wird das als eine Weihnachtsgeschichte gelten lassen?«

Die Eule betrachtete mich schief; ich bemerkte einen Schimmer von Verachtung in ihrem Blick.

»Müssen es denn immer drei Hektar Weihnachtsbäume, meterhoher Schnee und ein verhungerndes Mädchen in einer Strohhütte mit zerbrochenen Butzscheiben sein? Ich erzählte Ihnen vom wahrhaften Weihnachten, dem wirklichsten aller Weihnachten; ich erzählte Ihnen von der demütigen Anbetung der Niedrigen und Erhabenen, von der gemeinsamen Verehrung durch Mensch und Tier – und das reicht Ihnen nicht, Ihnen und Ihrem Chef nicht? Oh, Sie enttäuschen mich! Wenn Sie allerdings ...«

Sie wollte wohl, dass ich sie unterbreche, aber ich hütete mich, in ihren Gedankengang einzugreifen.

»Wenn Sie meinen Bericht allerdings als alten Hut betrachten sollten ... ja, es stimmt, er ist nicht up to date. Sie brauchen wohl ein Geschichtchen über die Geburt des Herrn mit nachfolgendem ausführlichem Lebenslauf bis zu seiner Kreuzigung, vielleicht noch rührselige und spannungsgeladene Episoden über Hirten und Könige – so einen richtigen Knüller, nicht wahr? Wenn Sie das wollen, dann sagen Sie mir bitte, wie spät es ist, und öffnen Sie mir das Fenster.«

»Haben Sie keine Angst«, antwortete ich reichlich bedrückt. »Ich schätze Ihren Erlebnisbericht außerordentlich. Und wenn der Direktor damit nicht zufrieden ist, soll er sich seine Weihnachtsgeschichte selber suchen.« Die Eule verhehlte keineswegs die Genugtuung, welche ihr meine Entscheidung bereitet hatte. Sie nahm sich sogar die Freiheit, auf dem Tisch entlangzutippeln. Als sie ihre kleine Inspektion beendet hatte, fügte ich hinzu: »Ich danke Ihnen unendlich. Darf ich Ihnen meine Verbundenheit auch noch anders als nur mit Worten beweisen? Sagen Sie mir doch bitte, womit ich Ihnen dienen kann.«

Die Eule verlor keineswegs den Kopf und zögerte nicht:

»Nichts leichter als das. Gewähren Sie mir zwei kleine Bitten.«

»Abgemacht. Ich höre.«

»Sie können sich nicht vorstellen, wie gerne ich Leute beobachte, die eine Schreibmaschine bedienen. Oh, das bereitet mir ein riesiges Vergnügen. Erweisen Sie mir doch die Gunst, Ihnen ein Weilchen zusehen zu dürfen, wenn Sie jetzt Ihre Geschichte schreiben!«

»Wie Sie es wünschen«, sagte ich höflich, hob den Deckel von der Maschine und führte Papier ein. Bald prasselte die Erzählung unter den bewundernden Blicken meines Besuchers auf das weiße Blatt.

»Und der zweite Wunsch?« fragte ich, als ich fertig war.

»Bevor Sie mir das Fenster öffnen, geben Sie mir zwei Stückchen Zucker, ja?«

Wolfgang Fietkau

Lass doch dem Kind die Flasche

Schlaf man ruhig, sagte sie, so ein Spektakel haben wir lange nicht gehabt, ausgerechnet an Heiligabend. Du hast mir richtig leid getan. Aber schließlich hast du es dir selber eingebrockt. Jetzt schlaf man ruhig.

Der Kleine schluchzte noch immer. Seit einer halben Stunde hatte er sich nicht beruhigt. Manchmal, wenn ihn ein Schluchzer schüttelte, quietschte es sogar in den Streben der Metallbettstelle. Das schwesterliche Zureden schläferte ihn ein, aber in seinem Gesicht sah es noch nicht so friedlich aus wie sonst, wenn der Vierjährige schlief. Sie musste erst seine Faust öffnen, die er in ihr Nachthemd gekrampft hatte, als wollte er sich noch schlafend ihre Nähe sichern.

Sie schob den Schirm der Nachttischlampe in eine andere Richtung, damit das Licht nicht mehr auf den kleinen Schläfer, sondern auf ihre noch nicht ganz erwachsene Figur fiel. Sie betrachtete sich prüfend im Spiegel, von oben bis unten und wieder zurück, langsam, als überlege sie, ob und wo ihr diese halbwüchsige Person schon einmal begegnet wäre. Dann raffte sie mit der linken Hand das Nachthemd bis über die Knie. Sie drehte sich im Stand, stemmte die Hand in die Hüfte und betrachtete sich im Profil, das Kinn über der Schulter, setzte ein Bein vor, dann wieder zurück, sah an sich herauf, zog die Schulterblätter zusammen, lockerte sie wieder und suchte einen Lippenstift.

Ein tiefer Seufzer kam aus dem Bett des Jungen, mitten im Schlaf. Komisch, dachte sie, daß kleine Jungs so lange heulen. Dabei haben sie ihm gar nicht richtig was getan. Ich hab ja auch mal einen ganzen Weihnachtsabend verheult. Aber das war etwas anderes damals. Ich hatte Senge bezogen, bloß weil ich im falschen Augenblick ein Weihnachtslied gesungen habe. Horch nur, der Alte klopft draußen ans Tor, habe ich gesungen. Das kannte ich aus dem Radio. Es wäre ja auch weiter nichts dabei gewesen, wenn nicht Papa vor der Wohnungstür gestanden und einen Kugelschreiber für seinen Schlüssel gehalten hätte, als ich singend über den Korridor ging. Zweimal hatte er mit matter Faust an die Tür geschlagen, was, auf Ehre!, keiner von uns gehört hatte. Na, als er dann hereingeschaukelt kam, da hat es eben gebumst.

Sie war näher an den Spiegel getreten und zog sich die Lippen nach. Dabei musste sie sich bücken, denn in Kopfhöhe hatte der Spiegel eine blinde Stelle. Das Rot war nur ein wenig heller als bei den Phantasieblüten auf der fleckigen Tapete. Unter dem Kopfkissen zog sie einen bunten Lappen hervor, mit dem sie sich die Lippen betupfte. Schlaf man ruhig, sagte sie noch einmal zu ihm, knipste die Lampe aus und streckte sich unter die Decke auf dem ausgelegenen Sofa. Die feiern immer noch im Wohnzimmer, dachte sie. Sonst ist alles ruhig im Haus. Vorbei mit Heiligabend. War ja ganz ordentlich. Wenn bloß die Geschichte mit dem Jungen nicht passiert wäre. Der Abend fing ganz normal an. Onkel Max und Tante Luzie standen Punkt sieben vor der Tür. Pünktlich sind sie. Das muss man ihnen lassen. Onkel Max schaltete gleich die Ferne ein, um den Kanzler zu hören, der Junge durfte ihm auf den Schoß krabbeln, und Tante Luzie half Mama in der Küche mit Zwiebelschneiden. Mama und mir tränen dabei die Augen, deshalb lassen wir das immer, bis Tante Luzie kommt. Sie sagte, Kinder, das hätte längst ranmüssen, die Zwiebeln, sonst zieht er nicht richtig durch. Wir hatten das andere aber schon alles dran am Salat.

Papa war natürlich noch nicht da. Um fünf Uhr war er schnell mal auf die Ecke gegangen. Bloß was zu rauchen holen, hatte er gesagt. Aber Mann, hatte Mama gesagt, jetzt auf Heiligabendnachmittag gibt's doch nirgends was zu rauchen. Die haben alle zu. Um halb acht kam er wieder und rauchte eine dicke Festtagszigarre. Ich musste das Papier von der Flasche machen, und Onkel May sagte, Mensch, nicht mal Verschnitt, den stell aber gleich unter die Leitung. Unsern hat Luzie im Netz. Den werden wir später auswickeln. Doppelkorn.

Dann können wir ja essen, sagte Mama, gedeckt ist schon seit einer Stunde. Kind, mach den Kerzenstecker rein, sagte sie zu mir, und knips das Oberlicht aus, Heiligabend haben wir doch immer mit dem

Baum gegessen. Wenn es zu dunkel ist, dann fass mal unter den Schrank, da hat der Junge vorhin ein paar Kerzen runtergekullert, die stecken wir auf dem Tisch an. Nach dem Essen dürft ihr die Päckchen auspacken. Nicht jetzt? fragte der Junge, der immer noch bei Onkel Max auf dem Schoß saß. Er war schon müde und blinzelte zu den Päckchen rüber, die unter dem Baum lagen. Den Baum hatten wir in die Fensterecke gestellt. Er stand auf dem Waschhocker, über den wir den alten grünen Regalvorhang gedeckt hatten, der reichte bis zur Erde, da sah man die weißen Beine nicht.

Ich trug mit Tante Luzie die Schüsseln rein, und Mama brachte den Tee. Die Bockwürste sind für jeden zwei, sagte sie, weil heute Weihnachten ist. Ich habe eigentlich gar keinen Hunger, sagte Papa, und Mama: das kann ich mir denken, aber ein bisschen was musst du essen. Na schön, sagte er, draußen wird noch Rum sein, für den Tee. Nach dem Essen holte Papa den Portier rauf. Das war mit der Portiersfrau so abgemacht. Die musste gestern plötzlich zu ihrer alten Mutter verreisen. Damit er nicht so allein ist, hat sie gesagt, und Mama sagte, selbstverständlich. Frohes Fest, sagte der Portier, und stellte eine Flasche auf den Tisch. Ein kleines Schnäpschen, zur Feier des Tages. Er sah sich schüchtern in der Runde um. Wenn das nicht in unserer Stube, sondern im Film gewesen wäre, dann wäre er bestimmt der Paul Dahlke oder der Willi Rose gewesen. Aber so war er bloß unser Portier.

Der Junge schläft aber unruhig, dachte sie. Am Geräusch der Metallstreben und Matratzen hörte sie, wie er sich aufrichtete. Er rief nach ihr, bist du noch da? Ja doch, sagte sie, schlaf man ruhig. Sie knipste die Nachttischlampe an. Er kniff die Augen zusammen und kroch wieder unter die Decke.

Zuerst hat es ja keiner gemerkt, dachte sie. Wir haben die Päckchen ausgewickelt und uns die Hand gegeben. Dann ist er mit dem roten Aufziehauto in die Ecke gekrochen. Zwei- oder dreimal habe ich bei den anderen mitgeprostet. Danach habe ich mich an den Ofen gesetzt und in den Illustrierten geblättert. Ich mag das nicht, so mittendrin sein, wenn die Männer in Schwung kommen. Die fassen dann einen überall an. Ich bin doch kein Kind mehr. Als dem Portier seine Streichhölzer weg waren, machten sie ein Hallo, dass man nicht mal in Ruhe die Illustrierte lesen konnte. Er wollte sich mit Papas Feuerzeug nicht zufriedengeben. Es ist ja nicht wegen der paar Streichhölzer, sagte er, aber eben haben sie noch vor mir auf dem Tisch gelegen. Sie schoben den Teller ein Stück weiter und sahen auch unter den Tisch. Die Streichhölzer waren nicht da. Schließlich nahm der Portier dann doch das Feuerzeug von Papa, und sie beruhigten sich wieder einigermaßen.

Fünf Minuten später war die nächste Aktion im Gange. Ist denn das die Möglichkeit, sagte Onkel Max, mein Glas ist weg. Ach wo, sagte Mama, das kann doch nicht weg sein. Und dann suchten sie wieder, alle zusammen, diesmal ein Glas, und wieder vergebens. Macht doch kein Theater, sagte Papa, wir haben ja noch mehr Gläser. Mädchen, sagte er zu mir, gib Onkel Max ein neues Glas.

Es dauerte nicht lange, da sagte der Portier, Verzeihung, ich glaube, mein Glas ist weg.

Jetzt reicht's mir aber, sagte Papa, hört endlich auf mit diesen Späßen. Und dann musste ich wieder ein Glas ersetzen.

Das musste ich noch öfter. Beinahe jedes Mal, wenn Papa mit der Flasche die Runde machte, fehlte ein Glas. Ich dachte schon der Portier sei nicht ehrlich und hätte die Gläser in der Tasche. Ich beschloss, ihn zu beobachten. Das war aber nicht mehr nötig, denn Tante Luzie sagte auf einmal ganz laut: Seht euch den Jungen an. Wir sahen alle, wie er sich mit einer leeren Bierflasche zurückziehen wollte, die er unbemerkt von der Tischkante geangelt hatte.

Was willst du denn damit, fragte Mama. Er war wie angewurzelt stehengeblieben. Spielen, sagte er bloß. Und er zeigte mit der Flasche zum Baum rüber.

Da sahen wir die Bescherung. Unter dem Baum war alles aufgebaut. Die Streichholzschachtel in der Mitte und drumherum die Schnapsgläser. Wir waren alle aufgestanden, um die Geschichte zu sehen, die da passiert war. Er trippelte uns voraus und baute sich vor dem Baum auf, als wollte er verhindern, dass jemand etwas anrühre. Als keiner was sagte, wiederholte er treuherzig: spielen. Dann tippte er mit dem Finger auf die Streichholzschachtel, die aufgezogen war, und sagte: das ist die Krippe vom Christkind. Und das, das sind die Maria und der Josef. Dabei tippte er auf zwei Gläser dahinter. Und das sind die Hirten.

Papa schnappte nach Luft. Er sah aus, als ob es Prügel geben sollte. Und die Bierflasche? fragte Mama. Das, das ist der schwarze König auf dem Kamel. Der Junge umklammerte die Flasche und war ganz blass. Onkel Max, der ein volles Glas in der Hand hielt, sagte, na denn prost!, kippte es hinunter und blökte los. Da blökten alle mit. So ein Lachen habe ich noch nie gehört, war das ein Heidengelächter. Dem Jungen liefen die Tränen über das Gesicht, und als ihm Mama die Flasche abnehmen wollte, sagte ich: Lass doch dem Kind die Flasche. Du bringst ihn ins Bett, sagte Papa, habt ihr verstanden? Schlaf man ruhig, sagte sie noch einmal, und dann machte sie das Licht wieder aus.

PARADIES

Hilfsgeschwader
Milch & Honig

Georg Magirius

Ein großes Heer, das Frieden singt

Und alsbald war da bei dem Engel die Menge der himmlischen Heerscharen, die lobten Gott und sprachen: Ehre sei Gott in der Höhe und Friede auf Erden bei den Menschen seines Wohlgefallens.

Die verrückte Welt des Himmels kommt zu Besuch. Und zwar *alsbald*, urplötzlich also, wie auf Stichwort. Der Engel, der die Hirten in die Freude locken will, sagt: »Kaiserkind in der Krippe!« Und sogleich werden aus dem einen Engel viele, ein ganzes Heer. Mit *tausend mal tausend* hat einmal der Prophet Daniel die Stärke des Engelsheeres beziffert. Als er die Zahl schätzte, schwirrten die Engel vor dem Thron Gottes. Jetzt erscheinen sie auf einer von Schafen womöglich so gut wie abgegrasten Weide. Bereits das eine Himmelswesen hatte die Hirten schockiert, die ins Rampenlicht gesetzt wurden. Nun aber sieht das Hirtenauge nur noch Glänzen. Wolken reißen auf, als ob ein Fensterrollo der Hand entwischt und nach oben saust. Alles wird mit Licht überflutet.

Die schlagartig auftauchende Engelsschar belegt: Der Himmelsmacht scheinen die Ideen nicht auszugehen. Im Rückblick entpuppt es sich als überraschend ausgefeilt, wie sich die Freude den Hirten vorstellt. Der Engel, der alleine kam, rief für sich genommen schon eine große Angst hervor. Hätte sich das Himmelsheer gleich zu ihm gesellt, wäre die Geschichte am Ende gewesen. Die Hirten, umgehauen von der Wucht des Himmels, wären sicher nicht mehr aufgestanden. Wenn das Himmelsglück in ganzer Größe anflutet, beginnen Herzen staccatoartig zu pochen. Die Stärke des gewohnten Schlags wird weit übertroffen – beim Lottogewinn zum Beispiel oder wenn der Lieblingsclub, der auf den Abstiegskampf abonniert zu sein schien, Meister wird. Der

Einbruch berückender Momente kann zum Kollaps führen. Also verstecken sich die unzähligen Engel zunächst brav hinter dem Vorhang, um ihren Auftritt abzuwarten. Das Heer der Freude hatte den Engel vorgeschickt, der darin erfahren ist, göttliche Botschaften zu überbringen. Zwar peinigt es diesen, wenn er Erschrecken auslöst, aber es bringt ihn nicht gleich aus dem Konzept. Schließlich wählt er den richtigen Tonfall für die Hirten: »Nicht riesig, sondern winzig, nicht erschreckend rein, sondern in der Krippe findet ihr die Freude.« Das Wort *Windel* beruhigt die Hirten – gerade so weit, dass sie der nächsten Lichtflut ins Auge sehen können.

Der Vorhang also lüftet sich – und es tritt auf: die Menge der himmlischen Heerscharen. Den Hirten stockt der Atem. Aber Atem hat das Himmelsheer genug: *Ehre sei Gott in der Höhe,* singt es. *Und Frieden auf Erden bei den Menschen seines Wohlgefallens.* Die Hirten haben noch immer Pause, brauchen nur zu schauen – was tröstlich ist. Aus der Dunkelheit heraus waren sie ins Rampenlicht gerufen worden, doch Kunststücke müssen sie keine vollführen. Ihnen selbst werden dagegen himmlische Spiele geboten. Wie Kinder schauen die Hirten, vor deren Augen sich abspielt, was sie noch nicht einmal aus Träumen kannten. Der Mund steht offen. Zerstört wird dieser Zauber nur, wenn Erwachsenenstimmen blöken: »Und? Was sagt man da?« Die Hirten aber brauchen nicht *danke* zu sagen. Das machen schon die Engel, die in Richtung Himmel jubeln und Gott in der Höhe Ehre wünschen.

Übrigens tritt Gott während der gesamten Geschichte nicht auf, man erfährt nur indirekt von ihm. Das überschwängliche Lob der Engel an die göttliche Adresse aber lässt vermuten, dass Gott Lob nicht ungern hat. Er hält Isolation und Einsamkeit nicht für attraktiv, gern hört er Musik. Vielleicht gestaltet er sein Handeln auch bewusst so, dass er Lobestöne findet. Gott genießt Lobhudeleien – nicht anders als die Menschen. Nur soll das Schwärmen begründet sein, Gott will keine erpressten Wahlergebnisse wie in Diktaturen. Klägliche Gesänge aus Mündern, die sich marionettengleich bewegen, sind ihm ein Graus. Der Klangrausch der Engel gefällt ihm sehr, aber er hat es auf Lobsprüche aus dem Mund der Hirten abgesehen. Gott steht in der Weihnachtsgeschichte im Hintergrund – das könnte der Grund für seine überraschende Idee gewesen sein, die Hirten nach vorn treten zu lassen. Die noch niemals in der ersten Reihe standen, sollen leuchten, das wäre Gottes größtes Glück.

Das Lob der Engel lässt sich gut hören, aber Gott hofft, dass auch die Menschen ihn bejubeln, besonders die, die keine routinierten Stars der Bühne sind. Nur wie kann das gelingen, wie soll es klingen? An fast jeder Kirchenecke höre ich: Lasst uns Gott loben und ihn preisen! Es gibt eigens Lobpreisgottesdienste. Ewig lächelnd singen, halte ich aber nicht für das Entscheidende. Viel wichtiger beim Preisen ist, nicht an sich denken zu müssen. Das lobende Klingen gelingt besonders dann, wenn es ohne eigene Gewinne geschieht. Einem anderen wird ein Preis übergeben, in diesem Fall Gott höchstpersönlich. Er erhält die Kostbarkeit nicht überreicht oder zugesteckt, es ist kein Orden, der angeheftet wird. Der Preis, den Gott erfährt, liegt in der Sache des Preisens selbst, es ist ein Tönen, das einen von sich selbst absehen lässt – und gerade dadurch kann man sich heimisch fühlen, ganz bei sich.

Ich war einmal bei solch einem Preisen dabei, das an das Loben aus der Weihnachtsgeschichte erinnert. Ich war platziert in der zweiten Bassstimme eines klassisch-dörflichen Männergesangvereins. Es handelte sich um ein Treffen für Gesangvereine, die nicht mit Pokalen oder anderen Preisen lockte, auch wenn das Treffen von früher her noch *Preissingen* hieß. Vielleicht hatte es diesen Namen sogar aus einer weihnachtlichen Ahnung heraus behalten, dass der beste Preis in der Musik selbst gründet. Aber der Reihe nach: Zunächst übten wir die Stücke über Monate, was nicht ungewöhnlich war. Die hohe Kunst des Dorfvereins bestand darin, nicht auf Notenblätter schielen zu müssen. Das war auch bei den Engeln auf dem Feld so, die ebenfalls nicht gespickt haben konnten, sonst hätte ihr Auftritt nicht alsbald geschehen können. Man stelle sich vor, wie es in einem Engelschor zugegangen wäre, der den Notenblättern gehuldigt hätte. Der Verkündigungsengel sagt das entscheidende Stichwort: »Kaiserkind im Futtertrog!« Wie aber reagieren die himmlischen Heerscharen? Langsam, Stimme um Stimme, stellen sich die Engel auf. Dann wühlt jeder in der Notenmappe: »Welches Stück singen wir noch mal?« Einige jammern, wie ertappt und doch zugleich auf Hilfe hoffend: »Wo ist nur mein Notenblatt? Ich hatte es doch zu Hause eingesteckt!« Nach einer langen, nicht näher zu bestimmenden Zeit legt sich das Rumoren. Nun versuchen alle herauszufinden, ob sie den Dirigenten sehen können. Und erst wenn alle Chormitglieder schauen, was manchmal nie geschieht, kann der Chorleiter den Einsatz geben. So aber war es auf den Weiden bei Bethlehem nicht, und so sollte es auch beim Preissingen nicht sein, bei dem wir mit dem Gesangverein nach vielen Proben antraten. Alle zehn Minuten wurde ein neuer Chor auf die Bühne gebeten. Kein Beifall. Nichts. In der riesigen Stadthalle, in die die Dorfvereine aus der felderreichen Gegend rund um das Fachwerkstädtchen eingetroffen waren, saß so gut wie niemand. Jeder Chor sang nur für sich selbst, um sodann höchst zufrieden die Halle wieder zu verlassen. Zwar existierte eine Jury, aber sie bestätigte die Teilnahme samt eines erläuternden Kommentars nur auf Papier. Es war ein Preissingen, aber es gab keine Preise – genau wie bei den Engeln in der felderreichen Gegend in der Nähe Bethlehems. Sie riefen ihre Töne in den Himmel und erhielten dafür keinen Lohn. Ihr Singen war der reine Überfluss, hatte keinen Nutzen, es gab keine Autogrammwünsche, keine kreischenden Teenies. Nichts.

Von einem Singen, das keine Preise einheimst, ist sogar einmal ungewollt eine CD entstanden – als Abfallprodukt jener CD, die ursprünglich geplant war. Auch sie nährt den Verdacht, dass es heute noch ein Loben und Preisen gibt, das an den Engelklang von damals erinnert. Auf der CD sollten Weihnachtslieder zu hören sein, gesungen von Chören jener sich oft Metropole nennenden Stadt, in der ich lebe und deren beschauliche Geschichten ich gern verfolge. Nicht irgendeine CD sollte es werden. »In den Kaufhäusern der Stadt wird sie für Furore sorgen«, kündigten die kirchlichen Öffentlichkeitsexperten und Marktforscher an. Das ist ein Heidenspaß und eine große Ehre für die Kirche, wenn sich ihre Botschaft gut verkauft. So hoffte man, endlich wieder einmal ein Massenpublikum zu erreichen. »Klingt gut«, nickte der sich selbst zum Tonmeister aufschwingende Geräteaufsteller bei der Aufnahme. Er hatte die Mikrophone so dicht an die Chöre gerückt, als ob er Solostimmen entdecken wollte. Später gab es in Briefen von Seiten der kirchlichen Produktionsstätte Hiebe: »Vier Chöre sind durchgefallen. Auch Ihre Kantorei gehört dazu. Es klingt schlecht, ist einfach unverkäuflich.« Als Anhang wurde die Abfall-CD beigefügt – mit den Liedern der Verliererchöre, die nicht adressatenorientiert genug klangen. Auf ihr jubilieren Stimmen, die keinen Preis erzielen. Die mit den Gewinnerchören versehene CD wurde zum Verkauf freigegeben. Welche der beiden Scheiben dem Preisen der Engel in der Weihnachtsgeschichte wohl mehr entspricht? Ich habe auf keiner der beiden mitgesungen – nicht dass jemand denkt, ich stelle Vermutungen zu meinen Gunsten an. Die in Kaufhäusern über den Ladentisch zum Jubel kirchlicher Marktstrategen rutscht, klingt jedenfalls schön und ist auch schön verkäuflich. Und selbstverständlich gehören zum Preisen nicht notwendigerweise schiefe Klänge. Andererseits zieht mich die Nutzlosigkeit der CD mit den Abfallstücken auf engelsgleiche Weise an. Es handelt sich um einen Klang, der nicht kaufhaustauglich ist.

Auch das Preisen des himmlischen Heeres wurde nach Ende des Konzerts nicht an Verkaufstischen feilgeboten. Nicht einmal eine historische Aufnahme ist geblieben, die in einem Rundfunkarchiv schlummern könnte. Die Engel hatten auch keine kirchlichen Marktstrategen aufgesucht, sie waren schlicht und einfach zu Gast bei Hirten, die hörten. Es war musikalischer Überfluss, geboren für den Augenblick, befreiend, weil er nichts erreichen wollte. Aber ist das denn die Möglichkeit? Ob man nahe Bethlehem wirklich ohne jeden Zweck gesungen hat? Schließlich handelt es sich, erzählt Lukas, bei den Engeln um ein *Heer*. Und Heerestruppen haben normalerweise immer einen Zweck. Vielleicht hat die Musik dieser himmlischen Militärabteilung nach Marschmusik geklungen? Ein Militär will schließlich nicht nur singen. Hatten die Soldaten unter ihren Uniformen womöglich Waffen versteckt, um die gefährliche Macht Gottes auf der Erde auszufechten? Das Himmelsheer aber singt vom Gegenteil: *Frieden auf Erden!* Es muss also ein Friedensheer sein, was eigenartig anmutet. Möglicherweise ist das so zu verstehen, wie es einige Militärminister verkünden: »Wir schaffen Frieden, indem wir Kriege führen, um drohende Kriege zu verhindern.« Denn Heere haben stets ein Ziel, sie helfen wahlweise Leben, Wohlstand, Bürger, Menschenrechte und Demokratie zu sichern. Das ist nicht übel, nur manchmal treffen Soldaten auch daneben – dann trifft es die Falschen, mitten ins Herz hinein, das dann nicht stärker schlägt, sondern aufhört zu pochen. Und was, wenn nicht die Falschen, sondern schön geplant die Richtigen getroffen werden? Ich weiß nicht genau, ob die, die am Leben bleiben, richtiger sind als die, die dem Frieden zuliebe sterben mussten, damit wir sicher leben.

Kurzum, das weihnachtliche Himmelsheer ist noch nicht einmal solch ein Friedensheer. Es will nichts sichern, scheint vielmehr ein Antiheer zu sein. Es singt, weil ein Kind geboren ist – und zwar in die Unsicherheit hinein. Das Heer des Himmels spielt, hat Überraschungen parat, entfaltet Sehnsüchte und Träume, die nicht nach dem Nutzen fragen. Wenn der Musterungsbescheid des weihnachtlichen Heeres ins Haus flattert, haben krumme Rücken und Plattfüße beste Chancen. Außerdem Menschen, die nicht gierig nicken, wenn sie 40 Kilometer durch den Morast wandern sollen. Wer sich gern anschreien lässt, wird ausgemustert. Wer nie in den Himmel schaut, wird keinen der Töne treffen, für die die himmlischen Heerscharen berüchtigt sind. Hans-guck-in-die-Luft bekommt einen Ehrenplatz. Kurzhaarfrisuren, über dem Ohr zurechtgestutzt, sind nicht üblich, lange Haare dagegen erlaubt – auch Engelslocken, besonders bei Männern.

Im Engelsheer singen Müßiggänger, die köstliche Ideen finden. Ihr Lied unterwandert den totalen Plan, die Verwertbarkeit, den Zwang, unaufhörlich Lebensziele zu formulieren. Lustig lässt das Himmelsheer die Fahne der Freiheit flattern. *Bildungslücke* ist auf ihr gepinselt. Denn die Lücke befreit. Niemandem ist mehr peinlich, etwas nicht zu wissen. Ewiges Pauken beschränkt. Im Himmelsheer schweben die, die auf der Mundharmonika blasen und auch gerne tanzen. In diesem Heer wird der Überschwang nicht in Listen eingetragen. Wer sich wie ein Clown verhält, lacht und auch über sich selber lachen kann, wird mit *eins* gemustert.

Innerhalb des Himmelsheeres wird nichts befohlen. Es verzaubert mit Musik. Und wer sich verführen lässt, gehört zu den Menschen, an denen Gott Wohlgefallen hat. Sie werden auf der Erde den Weihnachtsfrieden finden. Sie lassen sich in die Muße locken, genießen Himmelstage. Das ist ein Sich-Bewegen, nicht um fit zu werden – sondern einfach nur aus Lust. Ein Gehen ohne Ziel. Es ist ein Wandern im Kreis, das einen nicht vorwärts bringt, es ist Preisen, Überfluss, Genuss. Das Heer des Himmels braucht keine Zugaben zu spielen, ihr Gesang ist von seinem Wesen her stets Zugabe. Der Beleg: Der Auftritt des Heeres ist für das Verständnis und den Fortgang der Weihnachtsgeschichte überflüssig. Die Botschaft vom Kaiserkind war schließlich längst gesprochen, streng genommen hätte das genügt. Gott aber geht es nicht um Effektivität, sondern um den Rausch der Lust. Der Gesang der abertausenden von Engeln, deren Töne zwischen Schafen tanzen, ist ein tönendes Leuchten, ihr Preis ist für Gott und liegt in sich selbst, ist Zugabe. Engel veranstalten Himmelsspiele. Töne fliegen unbeschreiblich viele Bahnen. Daran hat Gott Wohlgefallen. Die Hirten stehen im Gesang. Allerdings: Davon, dass sie mit den Engeln zugleich gesungen haben, ist nicht die Rede.

Gerhard Schöne

Vom Himmel hoch

1. Vom Himmel hoch kam ich hierher
Ich brachte gute, neue Mär,
die man zu Weihnacht sich erzählt
und für ein altes Märchen hält.

2. Als Gottes Bote hab ichs schwer.
Kein Kind glaubt doch an Engel mehr.
Käm ich zu euch wie dazumal,
ihr dächtet, es wär Karneval.

3. Ich schwebe nicht auf Wolken an,
fahr Fahrrad oder Straßenbahn.
Ich lese Zeitung, trinke Bier,
leb unter falschem Namen hier.

4. Den Engel sieht man mir nicht an.
Woran man mich erkennen kann:
Ich bin den meisten nicht genehm.
Ich bin entwaffnend unbequem.

5. Ich gebe denen Rückenwind,
die selbst zu schwach und schüchtern sind,
und geh mit jenen Hand in Hand,
die friedlich leisten Widerstand.

6. Bevor ein Freund mir resigniert,
sein letztes bisschen Mut verliert,
setz ich ihm heimlich ins Gesicht
ein Funken von dem Gotteslicht.

7. Die Erde ist mein Arbeitsplatz,
mein schweres Los, mein liebster Schatz.
Erheben kann ich mich nicht mehr,
ich häng an allem viel zu sehr.

8. Ich liebe alles, was gedeiht,
was lebt und stirbt zu seiner Zeit:
das Gras, den Baum, den Wal, den Floh,
die Menschenkinder sowieso.

9. Doch wenn das Menschenherz verroht,
dann ist die ganze Welt bedroht.
Ich darf nicht die Geduld verliern,
um doch an euer Herz zu rührn.

10. Ach wenn doch meine gute Mär
Für euch nicht nur ein Märchen wär.
Erreichte euch doch Gottes Wort,
wie glücklich wäre dieser Ort.

Jutta Fellner-Pickl

Warum der Engel lachen musste

Die bevorstehende Geburt des Christkinds bereitete den Engeln ziemliches Kopfzerbrechen. Sie mussten nämlich bei ihren Planungen sehr vorsichtig sein, damit die Menschen auf Erden nichts davon bemerkten. Denn schließlich sollte das Kind in aller Stille geboren werden und nicht einen Betrieb um sich haben, wie er in Nazareth auf dem Wochenmarkt herrschte.

Probleme gab es auch bei der Innenausstattung des Stalles von Bethlehem. An der Futterraufe lockerte sich ein Brett – aber hat jemand schon einmal einen Engel mit Hammer und Nagel gesehen?! Das Stroh für das Krippenbett fühlte sich hart an, das Heu duftete nicht gut genug, und in der Stalllaterne fehlte das Öl.

Aber auch was die Tiere anbetraf, gab es allerhand zu bedenken. Genau an dem für den Engelschor auserwählten Platz hing ein Wespennest. Das musste ausquartiert werden. Denn wer weiß, ob Wespen einsichtig genug sind, um das Wunder der Heiligen Nacht zu begreifen? Die Fliegen, die sich Ochse und Esel zugesellt hatten, sollten dem göttlichen Kind nicht um das Näslein summen oder es gar im Schlafe stören. Nein, kein Tier durften die Engel vergessen, das etwa in der hochheiligen Nacht Unannehmlichkeiten bereiten könnte.

Unter dem Fußboden im Stall wohnte eine kleine Maus. Es war ein lustiges Mäuslein, das sich nicht so schnell aus der Ruhe bringen ließ, höchstens, wenn die Katze hinter ihm her war. Aber dann flüchtete es schnell in sein Mäuseloch zurück. Im Herbst hatte die Maus fleißig Früchte und Körner gesammelt; jetzt schlief sie in ihrem gemütlichen Nest. Das ist gut, dachte der verantwortliche Engel, wer schläft, sündigt nicht, und bezog die Maus nicht weiter in seine Überlegungen ein.

Nach getaner Arbeit kehrten die Boten Gottes in den Himmel heim. Ein Engel blieb im Stall zurück; er sollte der Mutter Maria in ihrer schweren Stunde beistehen. Damit aber keiner merken konnte, dass er ein Engel war, nahm er seine Flügel ab und legte sie sorgsam in eine Ecke des Stalles.

Als die Mutter Maria das Kind gebar, war sie sehr dankbar für die Hilfe des Engels. Denn kurz darauf kamen schon die Hirten, nachdem sie die frohe Botschaft gehört hatten, und der Hütehund und die Schafe. Obwohl die Männer sich bemühten, leise zu sein, und sozusagen auf Zehenspitzen gingen, klangen ihre Schritte doch hart und der Bretterboden knarrte.

War es da ein Wunder, dass die Maus in ihrem Nest aufwachte? Sie lugte zum Mäuseloch hinaus und hörte die Stimme »Ein Kind ist uns geboren ...«, konnte aber nichts sehen. Neugierig verließ sie ihr schützendes Nest – und schon war die Katze hinter ihr. Schnell wollte das Mäuslein in sein Mäuseloch zurück, aber ein Hirte hatte inzwischen seinen Fuß darauf gestellt. »Heilige Nacht hin oder her«, sagte die Katze zu der entsetzten Maus, »jetzt krieg ich dich!« Und damit ging die wilde Jagd los. Die Maus in ihrer Angst flitzte von einer Ecke in die andere, sauste zwischen den Beinen der Hirten hindurch, huschte unter die Krippe – und die Katze immer hinterher. Zwischenzeitlich bellte der Hütehund und die Schafe blökten ängstlich. Irgendwo gackerte aufgeregt eine Henne. Die Hirten wussten nicht recht, was los war, denn eigentlich waren sie gekommen, um das Kind anzubeten. Aber sie konnten ja ihr eigenes Wort nicht mehr verstehen, und alles rannte durcheinander. Es ging zu wie in Nazareth auf dem Wochenmarkt.

Als die Engel im Himmel das sahen, ließen sie buchstäblich ihre Flügel hängen. Es ist tröstlich zu wissen, dass auch so unfehlbare Wesen wie Engel nicht an alles denken.

Das Mäuslein indessen befand sich in Todesangst. Es glaubte seine letzte Sekunde schon gekommen, da flüchtete es in seiner Not unter die Engelsflügel. Im gleichen Moment fühlte es sich sachte hochgehoben und dem Zugriff der Katze entzogen. Das Mäuslein wusste nicht, wie ihm geschah. Es schwebte bis unters Dachgebälk, dort hielt es sich fest. Außerdem hatte es jetzt einen weiten Blick auf das ganze Geschehen im Stall.

Die Katze suchte noch ungläubig jeden Winkel ab, aber sonst hatte sich alles beruhigt. Der Hütehund bewachte die ruhenden Schafe. Die Hirten knieten vor der Krippe und brachten dem Christkind Geschenke dar. Alles Licht und alle Wärme gingen von diesem Kinde aus. Das Christkind lächelte der Maus zu, als wollte es sagen, »Gell, wir wissen schon, wen die Katze hier herunten sucht«. Sonst hatte niemand etwas von dem Vorkommnis bemerkt. Außer dem Engel, der heimlich lachen musste, als er die Maus mit seinen Flügeln sah. Er kicherte und gluckste trotz der hochheiligen Stunde so sehr, dass sich der heilige Josef schon irritiert am Kopf kratzte. Es sah aber auch zu komisch aus, wie die kleine Maus mit den großen Flügeln in die Höhe schwebte.

Die erstaunte Maus hing also oben im Dachgebälk in Sicherheit. Und ihre Nachkommen erzählen sich noch heute in der Heiligen Nacht diese Geschichte. Macht ihnen die Speicher und Türme auf, damit sie eine Heimat finden, die Fledermäuse, wie damals im Stall von Bethlehem.

Jürgen Trogisch

Gabriela oder der verlegte Wegweiser

In den alten Zeiten, als fromme Leute begannen die Geschichte Gottes mit den Menschen aufzuschreiben, war es üblich, dass die Menschen von Königen regiert wurden. Da es schon damals unmöglich war, dass eine einzige Person allein ein ganzes Volk regierte, hatte jeder König mehrere Helfer. So war es für die Geschichtenaufschreiber unvorstellbar, dass der HERR, der König aller Könige, ohne eine Schar von Helfern regieren sollte. Sie nannten diese göttlichen Helfer Engel und so ist es bis heute geblieben. Einige Engel hatten sogar Namen: Michael, Raphael und Gabriel hießen sie bis in unsere Zeit hinein. Oder waren ihre Namen Michaela, Raphaele, Gabriela? Vielleicht waren sie ja auch Zwitter? Aber das ist für unsere Geschichte eigentlich unwichtig.

Als das gewaltige Schöpfungswerk vollendet war und das Ergebnis von allen Beteiligten für gut befunden wurde, war nicht nur der Schöpfer sehr zufrieden, sondern auch alle Erz- und sonstigen Engel. Alle hatten sich eine Ruhepause verdient.

Aber, wie ihr wisst, wurde nichts daraus. Jetzt erst begannen die Mühen der Ebenen und es gab ständig neue Aufgaben: Vertreibung aus dem Paradies, Sodom und Gomorrha, Sintflut, Bau des Regenbogens und, und, und. Dazu kam noch, dass Luzifer, ein ehemaliger Erzengel, überall Sand ins Getriebe der Menschen streute und jede Idee Gottes für seine Menschen ins Gegenteil verkehrte. Obwohl der HERR trotz alledem den Überblick behielt und seine Ziele mit den Menschen nicht aus den Augen verlor, ging dieses Wirrwar an seinen Helfern, den Engeln, nicht spurlos vorüber. Trotz der Arbeitsteilung verloren sie manchmal den richtigen Durchblick. Gabriela, für die vielen kleinen Dinge des Himmelshaushaltes zuständig, war davon besonders betroffen, obwohl sie schon immer mindestens zehn Dinge zur gleichen Zeit denken und tun konnte.

Und so kam es, als der HERR seinen langfristig vorbereiteten Plan mit Maria und Joseph, der Krippe mit dem Kind, den Hirten und den Königen endlich umsetzen wollte und die himmlischen Heerscharen schon eifrig das Lied für die Hirten auf dem Felde probten, etwas ganz Wichtiges fehlte. Gabriela wusste genau, dass sie gleich nach Bekanntgabe des Planes den Gegenstand beschafft hatte. Er sollte nicht nur der Wegweiser für die Könige und Hirten werden, sondern auch gleichzeitig für die nötige Beleuchtung an dem armseligen Geburtsort sorgen. Aufgeregt suchte sie. Sie wusste genau, dass sie das gute Stück an einem sicheren Ort aufbewahrt hatte. Aber wo? Verzweifelt durchwühlte sie alle Himmelsregale.

Der Stern mit dem Schweif blieb verschwunden. Was sollte aus den vielen guten Vorüberlegungen werden? Der gutgemeinte Plan Gottes drohte zu scheitern.

Nun ergab es sich, dass sie einer der kleineren Engel besuchte, um ihr bei den Vorbereitungen für das große Ereignis in Bethlehem zu helfen. Tatsächlich, die gemeinsame Suche war erfolgreich. Gut verpackt lag der Stern mit seinem Schweif ganz hinten rechts im 365. Himmelsregal.

Gabriela fiel ein Stein vom Herzen und sie rauschte sofort los, um den Stern an seinen Platz zu bringen. Und das war auch höchste Zeit, denn alle wollten gerade losgehen, um das Kind in der Krippe zu suchen. Aber hätten sie es ohne diesen Wegweiser gefunden?

Thomas Rosenlöcher

Der Kicherengel

An langen Bärten hängen die Propheten
und klopfen mit dem linken Fuß im Takt
flammenden Auges düstre Abzählverse
vor sich hinmurmelnd: eene, meene, mink.

Doch statt zu schluchzen, muß der Engel kichern.

Daß es den Onkels das Kontinuum
der Menetekel durcheinandermüllert,
und sie auf einmal selber nicht mehr wissen,
was kommen wird. Mink, meene oder eh?

Allein ein Kichern ändert schon die Welt.

Thomas Rosenlöcher

Rettender Engel

Er ist der kleinste unter allen Engeln
und selbst sein Singen ist nur wie ein Strich.

Doch im Fach Demut hat er eine Sechs.

Fliegt mit den Bienen emsig auf und nieder,
wenn Glockenläuten streng durch Äste schneit.

Und davon wird sein Kleid kirschblütenweiß.

Und leuchtet vor auf seinem langen Weg
durchs Labyrinth der finsteren Systeme,

die sich, von soviel Anmut rettungslos
verwirrt, entwirrn, und Friede, Friede flüstern.

Klaus-Peter Hertzsch

Advent hinter sieben Türen

Die Idee stammte von Paul. Im Religionsunterricht war natürlich von Weihnachten die Rede und dass man möglichst vielen Menschen eine Freude machen sollte. »Gestern«, sagte er, »hat bei uns nebenan ein kleiner Chor gesungen, weil die alte Frau nicht mehr rausgehen kann. Singen können wir auch, und die Leute nebenan haben auch nicht grade wie die Windsbacher Knaben gesungen.« Die drei andern waren einverstanden, und ein paar Weihnachtslieder kannten sie alle, mindestens die erste Strophe. Den Türöffner des Hochhauses, vor dem sie standen, ließ ein Mann gerade summen, sie schlüpften mit ihm hinein. »Also los!«, sagte Evelin, und sie sangen los; im Treppenhaus hallte es wider. Nach einiger Zeit öffnete sich ein Türspalt. Von drinnen kam ein kräftiger Schwall von Beat-Musik, und ein Mann drückte Evelin drei Euro in die Hand. Die Tür schloss schnell, und sie standen ziemlich betreten davor. Sie versuchten es aber trotzdem vor der nächsten Tür, und die ging schon nach zwei Verszeilen auf. Eine alte Frau, weißhaarig und munter, sang den Schluss der Strophe selber gleich mit. »Kommt rein!«, sagte sie, »ich habe gerade die Adventskerzen angezündet. Wollen wir mal singen: ›Macht hoch die Tür‹? Ich freu mich so, dass ihr mitsingt. Meistens muss ich allein singen.« Sie konnte ganz schön singen und kannte offenbar mehr Lieder als die Vier zusammen. Schließlich fragte sie: »Kennt ihr ›Dein König kommt in niedern Hüllen‹? Sicher nicht. Das haben wir vor 60 Jahren gesungen – so alt bin ich schon. Das haben wir angestimmt, als der entsetzliche Krieg endlich vorbei war. Da haben wir aus Herzensgrund gesungen: ›Lösch der Zwietracht Glimmen aus! Dass wir, die Völker und die Thronen vereint als Brüder wieder wohnen in deines großen Vaters Haus.‹« Und plötzlich kamen ihr die Tränen.

Ein Stockwerk höher hatten sie wieder neuen Mut. Die Tür öffnete ihnen ein alter Mann nach längerer Zeit. Man sah ihm an, dass er Mühe mit dem Gehen und mit dem Gebrauch seiner rheumaverkrümmten Hände hatte. »Guckt euch bitte nicht um«, sagte er. »Seit meine Frau tot ist, kommt der Sozialdienst. Aber ich sage: ich schaff das schon. Die kommen ja kaum rum; da bin ich oft allein. Aber eine Strophe könnt ihr gern bei mir singen.« Die Sänger sahen sich aber doch um, und zehn Minuten später sah die Wohnung ganz anders aus: die beiden Mädchen waren über dem Aufwasch und beim Scheuern, Paul reparierte eine Lampe, Lutz kaufte nebenan fürs gemeinsame Kaffeetrinken Kuchen. – »Drei Euro können wir schon beisteuern«, sagte er lachend. Gesungen haben sie dann auch eine Strophe, »wie mit meiner Frau«, sagte der alte Mann.

Der Mann in der nächsten Wohnung war viel jünger. Willkommen waren sie ihm nicht; aber ganz abweisen wollte er sie auch nicht. »Ich bin Fan von Hannover 96«, sagte er, »in zehn Minuten ist Halbzeit.« – »Nein«, sagten die Jungen, als er den Fernseher kurz abschalten wollte, »da unterbrechen wir mal die Weihnachtslieder.«
»Ich steh natürlich auf München.« sagte Lutz. Und zwanzig Minuten später sagte der Besuchte: »Das war prima mit zwei Fachleuten zu gucken und zu reden. Und ›O du fröhliche!‹ singe ich gern mit, Weihnachten zu Ehren und zum Abschied.«

Bei der andern alten Frau waren sie dann am längsten. Sie konnte weder gut singen noch plaudern. Sie hatte ein langes und oft hartes Leben hinter sich: Flüchtling aus Ostpreußen, Hungersnot und mehrere Berufe, den Verlust zweier Söhne und Einsamkeit im Alter. Die Vier hörten schweigend und gebannt zu. Als sie aufbrachen, war längst der Abend hereingebrochen. »Danke«, sagten die jungen Leute. Und »Danke«, sagte die alte Frau. »Darf ich noch einen Psalm sprechen, der mich mein Leben lang begleitet hat? Wenn der Herr die Gefangenen Zions erlösen wird«, begann sie, »dann werden wir sein wie die Träumenden –«. Und wie sie es von ihrer Lehrerin kannten, sangen sie noch gemeinsam im lichtlosen Zimmer: »Die Nacht ist vorgedrungen. Der Tag ist nicht mehr fern.«

Als sie nach Hause gingen, kamen sie an der Marienkirche vorbei. Im Portal dieser Kirche steht seit alters die Mutter Maria. Wir können uns vorstellen: Als sie die Vier vorbeikommen sieht, sagt sie fröhlich: »So hat es sich mein Krippenkind gewünscht: Dient einander, ein jeder mit der Gabe, die ihm gegeben ist.«

Christoph Kleemann

Der Engel von unten

Die Kirche war bis auf den letzten Platz gefüllt. Ihm schien sogar, diesmal wären noch mehr Menschen gekommen als sonst. Eine lückenlose Hörerschaft drängte sich in den Bankreihen, aus denen ständig Kinder hervorquollen, die den freien Raum des Mittelgangs den Schößen ihrer Mütter und Väter vorzuziehen schienen. Aber immer wieder auch fanden sich Arme, die wie die Greifer eines Baggers die Ausreißer einfingen, noch ehe ein Wettlauf zum Altarplatz beginnen konnte. Dort nämlich standen die Bäume. Und wahrscheinlich waren sie es, die mit ihrem warmen, strahlenden Licht auf die Kleinsten die größte Anziehungskraft ausübten.

An einem solchen Tag kamen viele günstige Faktoren zusammen. Ein wortgewandter Prediger konnte sie dankbar nutzen. Endlich saßen einmal die zu Füßen der Kanzel, die er das ganze Jahr bei seinen Predigten mitbedacht, nie aber erreicht hatte. Zum anderen war es der Tag der Güte. Schon an der Art, wie die Mütter und Väter ihre quengelnden Kinder zu beruhigen suchten, konnte man ablesen, dass heute Geduld und Freundlichkeit angesagt waren. Die Vorfestjagden durch die geplünderten Kaufhäuser und die häusliche Feinarbeit lagen zurück. Man ging in die Kirche und vergaß für einen Moment die Zeit. Hier galten andere Gesetze. Hier konnte man nichts verändern oder beschleunigen. Hier musste man auf sich zukommen lassen. Und ein Schimmer von Zufriedenheit und Güte legte sich langsam auf die Gesichter und glättete manche Sorgenfalte. Trafen sich die Augen zweier Menschen, die sich sonst nicht sonderlich mochten, tauschten sie jetzt – und dabei lächelten sie verschämt – verzeihende und um Verzeihung bittende Blicke.

Und noch ein großer Vorzug zeichnete diesen Tag aus: Das Kirchenhaus selber präsentierte sich so licht und warm, dass selbst die Eispanzer um die Herzen der Hartgesottensten zu schmelzen beginnen müssten. Der Raum, sonst hoch und leer mit seinem kalten Weiß, in dem selbst die menschlichsten Worte wie kleine Eiszapfen von der Kanzel fielen, vermittelte heute mit seinem anheimelnden Kerzenlicht Geborgenheit. Die Weite des Gewölbes verlor sich im Dunkel, und die beiden Bäume mit ihrem Kerzenschmuck füllten den Altarraum. Der Lichtkreis, der wie ein milder Nebel die Flammen umschloss, sobald man die Augen zusammenkniff, weckte vertraute Bilder aus der Kinderzeit.

Als er die Kanzel erklomm, bemächtigte sich seiner ein Gefühl großer Zufriedenheit und aufgeregter Freude. Bewegt schaute er in das übervolle Kirchenschiff hinab und nahm wahr, dass vom Eingang her noch immer Spätankömmlinge nachschoben. Sie mochten schon in zehn oder mehr Reihen stehen müssen. Der Vorrat an Gesangbüchern war längst aufgebraucht. Aber selbst dort, im Halbdunkel unter der Orgelempore, gerann im Nu jegliche Bewegung zu gesammelter Stille. Die Menschen sahen erwartungsvoll zu ihm auf. Für einen Moment zweifelte er, ob er ihr Verlangen würde befriedigen können. Wusste er wirklich, weshalb sie alle gekommen waren? Wollte er sie befriedigen oder ihnen den Frieden verkündigen, von dem die Weihnachtsbotschaft sprach?

Er schlug die Bibel auf und zog aus ihrem Deckel sein Konzept hervor. Dann perlten von seinen Lippen die Worte der Weihnachtsgeschichte. Mit ihnen stiegen Erinnerungen in ihm auf, die seinen Augen Glanz und seiner Stimme einen warmen Klang verliehen. Er las bis zur Begegnung der Hirten mit dem Engel. Dann schloss er sein Buch und folgte den Stichworten auf seinem Zettel. Er hatte sich vorgenommen, die Szene ein wenig auszumalen. Den Kindern sollte sie sich unvergänglich einprägen. Die Erwachsenen mochten sie so in neuem Licht zurückentdecken.

Er kannte sich und wusste, dass er sich – war er erstmal ins Erzählen geraten – oft in weiten Bögen und langen Abwegen verlor und schwer zum Ausgangspunkt zurückfand. Immer wieder erlag er der gleichen Versuchung. Gewiss würde ihm seine Gemeinde an diesem Tage leichter verzeihen können als sonst, eben wegen jener Güte. Dennoch erschrak er, als er sich – fernab seines Konzepts – beim fröhlichen Improvisieren ertappte.

Eben wollte er damit beginnen, den Engel zu beschreiben, der da so unerwartet vor den Hirten stand, da geschah es. Ganz deutlich hörte er hinter sich die Kanzelstufen knarren. Er stockte, unterbrach sich und wandte sich um. Da stand ein Mann, einen Kopf kleiner als er, in einer ausgewaschenen Jeans und Rollkragenpullover mit Norwegermuster. Der zwinkerte aufmunternd dem Prediger zu und lächelte.

Wie kommen Sie denn hierher?

Die Ungeschicktheit seiner Frage bemerkte der Pfarrer erst, als der Fremde antwortete: Über die Treppe, wie Sie auch.

Zum Teufel, wer sind Sie?

Sagen Sie nicht: zum Teufel!, entgegnete der Mann. Ich bin nämlich ihr Engel.

Was soll das heißen?, fragte der Pfarrer misstrauisch zurück.

Das soll heißen, dass ich mich für Ihr Wohlsein mitverantwortlich fühle.

Das ist ja nett von Ihnen, sagte der Pfarrer, aber glauben Sie, dass das der richtige Ort und Zeitpunkt ist, mir das mitzuteilen?

Der Mann schaute dem Pfarrer fest in die Augen.

Ich glaube doch, sagte er. Für eine gute Nachricht ist jeder Ort richtig und jeder Zeitpunkt recht.

Hätten Sie mir das nicht auch nach der Christvesper sagen können? Noch immer musterte er den Fremden mit argwöhnischen Blicken.

Nein, sagte dieser sehr entschieden. Sie sprechen gerade von dem Engel, der den Hirten die gute Nachricht gebracht habe. Und ich habe den Eindruck, dass Sie dabei hier oben sehr einsam sind. Sie sollen, sie müssen wissen, dass auch Sie einen Engel haben, der es gut mit Ihnen meint.

Sie sehen aber gar nicht wie ein Engel aus, wandte der Pfarrer ein.

Der Fremde lachte. Was soll das heißen? Wie müssen denn nach Ihrer Vorstellung Engel aussehen? Würden Sie mir mehr Glauben schenken, wenn ich ein langes weißes Gewand trüge und riesige Flügel aus meinen Schultern wüchsen?

Der Pfarrer schwieg.

Ein Engel, fuhr der andere fort, ist einer, der den Auftrag in sich verspürt, Engel zu sein.

Was für einen Auftrag?, wollte der Gottesmann wissen.

Den Auftrag Gottes, um des anderen Wohlsein bemüht zu sein.

Auftrag Gottes, wiederholte der Pfarrer, Auftrag Gottes? Haben Sie denn einen Auftrag Gottes?

Sie nicht?, fragte der Engel zurück. Jeder hat den göttlichen Auftrag, Engel zu sein.

Kommen denn Engel nicht vom Himmel?, fragte der Pfarrer merklich verunsichert.

Jeder, gab er zur Antwort, jeder kommt vom Himmel.

Der Pfarrer schien die letzte Antwort überhört zu haben; denn er bohrte weiter: Wenn Sie vom Himmel kommen – hier unterbrach er sich, dann fuhr er im Flüsterton fort – können Sie mir doch endlich einmal sagen, wie Gott aussieht.

Wieder dieses Lächeln vom Anfang, voller Verständnis und Güte: Ein Engel, mein Lieber, weiß so viel wie jeder andere. Wenn heute Abend diese vielen Menschen glücklich aus der Kirche hinaustreten, dann sieht Gott so aus. Und wenn diese Menschen unzufrieden und voller ungestillter Sehnsüchte diesen Raum verlassen, dann sieht Gott so aus.

Tief im Innern des Predigers schien etwas zu dämmern. Aber sein Verstand war noch gehalten in den Ketten der Gewohnheit. So forschte er weiter, ob der Fremde auch damals bei den Hirten in Bethlehem dabeigewesen sei.

O nein, sagte der Engel, das waren andere. Ich bin *Ihr* Engel.

Woran soll denn einer erkennen, wer sein Engel ist, wenn er sich äußerlich in nichts von anderen unterscheidet?

Das ist nicht wichtig, beruhigte ihn der Engel. Wichtig ist nur, dass wir erkennen, für wen *wir* Engel sein sollen.

Hat denn jeder Mensch einen Engel?

Die Augen des Pfarrers waren weit geöffnet wie bei einem Kind, das in eine brennende Kerze schaut.

Leider nicht, gab der Engel traurig zu. So sollte es wohl sein, aber so ist es nicht. Viele Menschen wollen einen Engel haben, aber kein Engel sein. Sie wollen, dass ihnen Gutes zuteil wird, aber sie sind nicht bereit, andere aufzumuntern und ihnen das Kreuz zu stärken. Sie erkennen eben ihren Auftrag nicht. Hätten in jener Nacht von Bethlehem nicht Menschen diesen Auftrag Gottes wahr gemacht, die Hirten hätten den Wendepunkt ihres Lebens verschlafen. So aber traf es sie mitten in ihrer Finsternis wie ein Lichtstrahl – und ihr ganzes Leben lag offen vor ihnen. So beginnt Veränderung.

Der Pfarrer wollte noch fragen, was für eine gute Nachricht denn Engel von heute auszurichten hätten. Aber diese Antwort musste er selber finden. Denn er stand wieder ganz allein auf seiner Kanzel.

Er schaute hinab und bemerkte, dass die Leute wie gebannt nach oben starrten. Und mit ihren Blicken drang ein Geräusch an sein Ohr, das klang, als würden unablässig und überall im Raum Brauseflaschen geöffnet, solche, wie es sie früher gab, mit Porzellankopf und Metallverschluss. Er glaubte, es käme von der Zentralheizung. Er konnte nicht wissen, dass es die unsichtbaren Pfropfen waren, die bislang die Ohren seiner Hörer verschlossen hatten.

Sein Blick schweifte hilflos umher und suchte, seinen Engel auszumachen. Einer im Mittelschiff sah ihm sehr ähnlich. Ein anderer auch. Als er bemerkte, daß beinahe jeder in Frage kam, gab er die Suche auf.

Am Ausgang drückte er wie gewöhnlich die Hände seiner Gottesdienstbesucher, die es diesmal gar nicht so eilig zu haben schienen, nach Hause zu kommen. Bei jedem Händedruck war ihm, als wiederhole sich etwas von der Begegnung auf der Kanzel. Mit jedem Gesicht traf ihn etwas vom Glanz der himmlischen Heerscharen. Und mit jedem Gesicht gelangte etwas von jenem Glanz in die Dunkelheit hinaus. Der Kirchenplatz schien hell erleuchtet. Und gleich einem Stern zogen von seiner Mitte Lichter in alle Richtungen davon.

Sylvia Eggert

Engels Werk

Die Leute sagen über Marie, sie sei ein Engel. Marie hört das gern. Und sie tut einiges dafür, um sich diesen Titel zu verdienen: Jeden Morgen steht sie als Erste auf, legt den anderen die Wäsche hin, deckt den Tisch, macht die Frühstücksbrote und schickt den Mann und die Kinder schließlich mit ermunternden Worten in den Tag. Dann räumt sie den Tisch ab, spült das Geschirr und geht zur Nachbarin.

Die wartet schon auf Marie, denn allein kann sie sich nicht mehr versorgen. Marie hilft ihr beim Waschen, wickelt die wunden Beine, macht ihr Kaffee und nimmt ihre Sorgen mit, es geht um die Enkel.

Nun muss Marie sich beeilen. Der Chef erwartet sie bereits. Sie kocht ihm seinen Tee, wimmelt einen lästigen Vertreter ab, regelt die geschäftlichen Termine für die nächsten Tage und klärt rasch noch ein paar private Dinge: Fast hätte er die Blumen zum Hochzeitstag vergessen und Hannas Konfekt.

Jetzt eilt Marie zurück nach Hause. Bald kommen die Kinder – und das Schulessen schmeckt ihnen nicht ...

Nach der Mahlzeit: abwaschen, den Kindern bei den Hausaufgaben helfen und sie dann zur Musikschule, zum Sport oder zu Freunden fahren.

Während die Kinder ihren Hobbys frönen, nutzt Marie die Zeit, um im Gemeindehaus verzweifelten Eltern, verstrittenen Paaren oder einsamen Senioren Mut und Rat zu geben – ehrenamtlich, selbstverständlich.

Abends, nachdem sie die Kinder mit einer Geschichte ins Bett gebracht hat, räumt sie erst die Küche auf. Dann kümmert sie sich um die Wäsche oder um die Buchhaltung ihres Mannes, der währenddessen über die schlechte Auftragslage in der Firma klagt.

Eigentlich hätte Marie jetzt gern ein bisschen gelesen. Aber Peter braucht nach seinem harten Arbeitstag dringend noch ein wenig Aufheiterung. Und so geht sie mit ihm ins Bett.

Manchmal, danach, blitzt in ihr der Gedanke auf, dass es anstrengend ist, immer ein braver Engel zu sein.

Gelegentlich, in solchen Momenten, löst sie den Knoten aus ihrem langen blonden Haar, zieht ihr feuerrotes Kleid an, holt leise die fiedrigen Flügel aus dem Schrank, öffnet das Fenster, steigt auf die Fensterbank und fliegt in die dunkle Nacht. Ganz allein. Für sich.

Für ein paar Stunden.

FESTTAGSLAUNE

Martin Walser

Überredung zum Feiertag

Ich sage mir: Nimm ein Blatt vor den Mund, die Feiertage nahen. Ich sage mir: Mach, was du willst, Edelrauhreif fällt gezielt auch auf den sprödesten Fleck, das Klima ist teuer präpariert, mach, was du willst: Es weihnachtet sehr. Zögere, ganz zuletzt schlüpfst du doch noch in eine Rolle. Es muß ja nicht gleich das am meisten getragene Drogistenlächeln sein. Schau einen Winterbaum an, beachte den durchdringenden Ernst, mit dem er auf dürren Zweigen Schnee trägt, als ginge ihn der was an. Mach, was du willst, du wirst mitmachen. Schließlich sind das deine Festspiele.

Ich sage mir: Wer jetzt eine Großmutter hat oder ganz kleine Kinder, der hat Glück, der hat rasch eine Rolle. Gib dir feierlich Mühe, sage ich mir. Dazu stehen ja die Feiertage mit hohen Wänden im Wind als Vitrinen auf Zeit, daß wir in angestrengter Gelassenheit darin spielen, für uns, für den beliebten Himmel, oder bloß so, daß gespielt wird. Am Ende hat jedes Jahr seine gefürchteten Feiertage verdient. Die Schneegrenze sinkt ins Tal, Maiwege sind nur noch mit Ketten befahrbar, nun rück schon zusammen mit allen, der traurige Gemeinplatz wärmt auch dich. Schellengeläut der Erinnerung und so. Taube Nüsse, Wehmut, der Geruch der Jahrzehnte. Lach doch mit. Das ganze Jahr flüssiger Maskenwechsel, jetzt wird dir doch nicht zuletzt noch das Gesicht ausgehen für ein bißchen Kerzengerechtigkeit. Und ist denn das gar nichts, wenn dir im Halse das Silberglöcklein wächst, die Kerze dir fünfsterniges Edelweiß auf dem Zahnschmelz züchtet und in deinen Ohrgängen Chöre nisten, daß es dich vor inwendigem Brausen auf die Zehenspitzen hebt? Du kannst sogar ausführlich von Liebe reden. Das ist das rechte Wort für diese Festspiele. Das hat Kunstcharakter, darin klirrt Leistung. Denk, was das Ballett der schieren Natur abringt. Trau dir was zu. Ganz positiv. So richtig in Rechtshändermanier. Tu, als könntest du momentan nicht anders. Wähl also Liebe, wähl Heimlichkeit, furchigen Ernst, wähl einen weißen Bart oder verhalten flackernde Würde, beobachte die Wirkung, und dein Lampenfieber ist weg. Du spielst dich frei, und ringsum verfallen die Glocken sofort in wildfröhliches Läuten.

Ich sage mir: Was soll dir jetzt Asien? Vergiß doch Asien. Vergiß alle möglichen Brüder. Ausgerechnet zur hohen Festspielzeit fällt es dir ein, den Christmenschen zu spielen, dem sein Punsch nicht schmeckt, weil andere noch immer kein gutes Wasser haben. Überhaupt, wenn du an Christus denkst, hört sich sowieso alles auf. Dann können wir einpacken. Hübsch barbarisch-kultivierte Feiertage, mehr ist nicht drin. Falls zwiespältige Empfindungen dich stören, bleib schön irdisch, bleib hart. Keine christlichen Anfechtungen. Du willst am Leben bleiben und deine Anzüge selber tragen. Das ist schon eine Welt, in der man sich wegen eines so schlichten Vorsatzes gleich Gewissensbisse einbilden muß zur eigenen Beruhigung. Zum Beispiel, nein, bitte keine Beispiele. Daß das Fräulein im fünften Stock besonders kalte Füße hat und irgendwo einen Pilz, ist ja auch kein Beispiel. Die Misere blüht so gut wie die Riviera. Darum haben wir doch die Vitrinen. Also Vorsicht. Sonst zieht es gleich und die Feiertage kriegen die Schwindsucht. Bewegungen nur wie am Steuer eines Autos auf Glatteis. Und allen Mitspielern einen um Beschränktheit bemühten Verschwörerblick. Wir wollen Feiertage spielen, auch wenn uns auf blankem Eis Asche und Asche serviert wird. Daß Regen als Schnee fällt zur Zeit, ist kalkuliert. Wer ein Glas hebt, zerbricht es, vielleicht. Aber wenn du dann trotz allem deinem Freund übern Kopf streichst, beherrsch dich, zähl nicht seine Haare. Wir kommen sonst einfach nicht in die richtige Stimmung. Zuletzt müssen wir die Feiertage noch abblasen mit Trompeten aus Himmelsrichtungsschrott. Wenn aber jeder weiß, er ist ein ungesunder Elefant, dann wird schon ein Zauber mäßig gelingen. Viel Musik, wenig Text. Den Blick starr auf die Kerze. Bis sie qualmt. Dann dürfte es ohnehin spät genug sein, Zeit, das Blatt wieder vom Mund zu nehmen.

Siegfried Lenz

Das Wunder von Striegeldorf

Vieles hat sich unter Weihnachten in Masuren ereignet, weniges aber kommt an Merkwürdigkeit gleich jenem Vorfall, den mein Großonkel, ein sonderbarer Mensch mit Namen Matuschitz, auslöste. Ich möchte davon erzählen auf jede Gefahr hin.

Heinrich Matuschitz, ein fingerfertiger Besenbinder, hatte sich an einem fremden Motorrad vergangen und war für wert befunden, einzusitzen für ein halbes Jahr. Er saß zusammen mit einem finsteren Menschen namens Mulz, der ein alter Forstgehilfe war und dem die Wilddiebe, hol sie der Teufel, zwei Frauen nacheinander von der ehelichen Seite fortgefrevelt hatten, woraufhin Otto Mulz, in gewalttätigem Kummer, den ganzen Striegeldorfer Forst anzündete.

Gut. Die Herren leisteten sich rechtschaffen Gesellschaft in ihrer Zelle, beobachteten die berühmten Striegeldorfer Sonnenuntergänge, plauderten aus ihrem Leben, und derweil taten Wochen und Monate das, wovon sie, scheint's, niemand abbringen kann: Sie strichen ins Land. Rückten vor, diese Monate bis zum Dezember, brachten Schnee mit, brachten Frost, bewirkten, daß das schmucklose Gefängnis geheizt wurde, taten so, was man von ihnen erwartet. Insbesondere aber brachten sie näher gewisse Termine, und mit den niederen Terminen auch den Obertermin sozusagen: den Heiligen Abend nämlich.

Nun fällt es einem Masuren schon schwer genug, auf die Annehmlichkeiten der Freiheit im Allgemeinen zu verzichten, furchtbar aber wird es, wenn man ihn zu solchem Verzicht auch am Heiligen Abend zwingt. Demgemäß wandte sich Heinrich Matuschitz, mein Großonkelchen, an seinen Zellenbruder, sprach ungefähr so: »Der Schnee, Otto Mulz«, so sprach er, »kündigt liebliches Ereignis an. Nimmt man den Frost noch hinzu und das Gefühl im Innern, so muß der Heilige Abend nicht weit sein. Habe ich richtig gesprochen?«

»Richtig«, sagte der alte Forstgehilfe.

»Also«, stellte mein Großonkelchen befriedigt fest. Dann starrte er hinaus in den wirbelnden Flockenfall, sann, während er sich am Gitter festhielt, ein Weilchen nach, und nachdem ein neuer Gedanke ersonnen war, sprach er folgendermaßen: »Das Ereignis«, so sprach er, »das liebliche, es steht bevor. Jedes Wesen in Striegeldorf und Umgebung ist angehalten, sich zu freuen. Die Menschen sind angehalten, die Hasen, die Eichhörnchen, und schon gar nicht zu reden von den Kindern. Nur wir, Otto Mulz, sollen gebracht werden um unsere Freude. Weil sich aber jedes Wesen zu freuen hat an diesem Termin, müssen wir ersinnen einen Ausweg.«

»Man will uns«, sagte der alte Forstgehilfe, »die Freude stehlen.«

»Eben«, sagte Heinrich Matuschitz, mein Großonkel. »Aber wir werden uns, bevor es dazu kommt, die Freude besorgen, und zwar da, wo sie allein zu finden ist: in der Freiheit. Wir werden uns zum Heiligen Abend beurlauben.«

»Das ist, wie die Dinge liegen, gut gesagt«, sprach Mulz. »Nur wird der alte Schneppat uns nicht bewilligen solchen Urlaub zur Freude. Unter den Aufsehern, die ich kenne, ist Schneppat der schlimmste. Man wird uns, schlickerdischlacker, gleich wieder schnappen, zumal durch meine persönliche Feuersbrunst verloren gegangen sind die schönsten Verstecke im Walde.« Bei diesen Worten wies er mit ordentlicher Bekümmerung auf die traurigen Baumstümpfe, die vom Striegeldorfer Forst nachgeblieben waren.

Das Großonkelchen indes gnidderte, das heißt, lachte versteckt, legte dem Otto Mulz einen Arm um die Schulter, winkte sich sein Ohr ganz nahe heran und sprach:

»Uns wird«, so sprach er, »überhaupt niemand vermissen, kein Schneppat und niemand. Denn wir werden zurücklassen unser Ebenbild. Wir werden hier sein und nicht hier.«

Was Otto Mulz dazu brachte, mein Großonkelchen zuerst erstaunt, dann mißtrauisch und schließlich mitfühlend anzusehen und nach einer Weile zu sagen:

»Manch einen, Heinrich Matuschitz, hat große Freude schon blöde gemacht. Denn erkläre mir, bitte schön, wie ein Mensch gleichzeitig sein kann bei dem lieblichen Ereignis in der Freiheit und hier in der Zelle.«

Obwohl diese Worte, man wird es zugeben, nicht unbedingt höflich waren, verlor das Großonkelchen weder Faden noch Geduld, sondern begann mit listigem Lächeln zu flüstern, und zwar flüsterte er dermaßen vorsichtig, daß nicht einmal etwas für diese Erzählung erlauscht werden konnte. Sicher ist nur, daß er dabei den Otto Mulz, sei es überredete, sei es überflüsterte; denn das finstere Gesicht des alten Forstgehilfen hellte sich auf, spiegelte Teilnahme, spiegelte Begeisterung, und zuletzt spiegelt es – na sagen wir: Verklärung.

Und dann begab sich folgendes: Heinrich Matuschitz, mein Großonkelchen, aß kein Brot mehr – ebensowenig aß es sein Zellenbruder; jede Ration wurde unter dem Bett versteckt, wurde gestreichelt und gehütet, während das liebliche Ereignis unaufhaltsam heraufzog.

Die einsitzenden Herren wurden, je näher das Ereignis kam, unruhiger, gespannter und flattriger, man plauderte nicht mehr aus dem Leben, fand keine Zeit zu müßiger Beobachtung; alles an ihnen war nur noch eingestellt in Richtung auf das Kommende und auf das, was zwischen ihnen geflüstert war.

Und eines Morgens, nachdem der Frost sie muntergekniffen hatte, erhob sich Heinrich Matuschitz und gab preis, was er so sorgfältig auch vor uns verborgen gehalten hatte: Fingerfertig, wie mein Großonkelchen war, zog er das gesparte Brot unter dem Bett hervor, benetzte es auskömmlich und begann, weiß der Kuckuck, aus dem weichen Brot den Kopf des alten Forstgehilfen zu kneten. Walkte und knetete mit einem Geschick, daß sich dem Otto Mulz die Sprache versagte; zog eine Nase aus, das Großonkelchen, klatschte eine Stirn zurecht, schnitt zwei Lippen in den Teig und alles haargenau nach dem Original des Forstgehilfen. Lachte dabei und sprach:

»Der wird«, sprach er, »Otto Mulz, genau wie du. Hoffentlich steckt er nur keinen Forst an.«

»Mir wird es«, sprach Mulz, »unheimlich zumute. Obwohl ich weiß, Heinrich Matuschitz, daß du manches kannst schnitzen mit deinem

Messer, wußte ich doch nicht, daß du einen Striegeldorfer formen kannst nach seinem Ebenbild.«

Dann sah er atemlos zu, wie Ohr und Kinn entstanden, und zuletzt hielt er zitternd still, als ihm das Großonkelchen ein paar Haare absäbelte und sie an den Brotkopf klebte.

»Pschakret«, sagte der Forstgehilfe, »wenn ich schon früher so doppelt gewesen wäre, dann hätte einer von mir zu Hause bleiben können: die Wilddiebe hätten sich nicht rangetraut, die Frau wäre mir geblieben, ich hätte den Forst nicht angezündet und brauchte hier nicht zu sitzen. Wenn ich, pschakret, das alles gewußt hätte.«

Nachdem der Kopf des Forstgehilfen fertig war, fabrizierte mein Großonkelchen sich selbst, und weil das Brot nicht hinreichte, nahm er zur Ausbildung des Hinterkopfes einige Pfefferkuchen, die ihnen, da das liebliche Ereignis unmittelbar bevorstand, hereingeschoben worden waren.

Kaum war er fertig damit, als die Klappe in der Tür fiel und Schneppat, der kurzatmige Aufseher, hereinschaute zum Zweck der Kontrolle. Er schaute wichtigtuerisch, dieser Mensch, und zum Schlusse fragte er in seiner höhnischen Besorgtheit: »Na«, fragte er, »was wünschen sich die Herren zum Heiligen Abend?«

»Schlummer«, sagte mein Großonkelchen prompt. »Wir möchten bitten das Gesetz um langen, ungestörten Festtagsschlummer.«

»Könnt ihr haben«, sagte Schneppat. »Aber da ich nicht hier bin, werd' ich es Baginski sagen, dem Aufseher aus Sybba. Er löst mich ab für zwei Tage. Wer schlummert, sündigt nicht.« Damit ließ er die Klappe herunter und empfahl sich.

Seine Schritte waren noch nicht verklungen, als Heinrich Matuschitz die Brotköpfe hervorholte, sie auf die Pritsche legte, die Decken kunstgerecht hochzog und überhaupt einen unwiderlegbaren Eindruck hervorrief von zwei Herren im Festtagsschlummer. Wehmütig standen sie vor ihren Ebenbildern, ergriffen sogar, und dann sagte das Großonkelchen zu seiner Büste:

»Ich grüße dich«, sagte er, »Heinrich Matuschitz auf der Pritsche. Gott segne deinen Schlummer.«

Etwas Ähnliches sprach auch der alte Forstgehilfe, und nachdem sie Abschied genommen hatten von sich selbst, hoben sie das Gitter ab und verschwanden durchs Fenster in Richtung auf das liebliche Ereignis.

Dies Ereignis: Es wurde angesungen von den Zöglingen der Striegeldorfer Schule, wurde von Glöckchen verkündet, vom Geruch gebratener Gänse, und ehedem hatte sich an der Verkündung auch der Wind im Striegeldorfer Forst beteiligt.

Mein Großonkelchen und Otto Mulz, sie gingen mit sich zu Rate, wie sie das liebliche Ereignis ihrerseits am besten verkünden könnten, und nach schwerer Grübelarbeit beschlossen sie, es durch Gesang zu tun, mit den Zöglingen der Striegeldorfer Schule. Während des Gesanges schon wurden sie teilhaftig der Freude, obwohl die Oberlehrerin Klimschat, die das Singen befehligte, Mühe hatte, die Herren einzustimmen, bei jedem Mal, da sie die Stimmgabel anschlug, lauschte sie verwundert und sprach: »Mir kollert ein Tönchen nach dem anderen von der Gabel runter.«

Na, aber da sie von mitfühlendem Wesen war, ließ sie die Herren singen, und nach dem Gesang gingen diese zu meinem Großonkelchen nach Hause, wo neue Freude bezogen wurde aus gebratenem Speck, aus geräuchertem Aal und, natürlich, aus dem lieblichen Schein der Talglichter. Bezogen so viel Freude, die Herren, daß sie in einen schönen Streit gerieten, was sie dazu bewegte, mit Ofenbänken aufeinander loszugehen, sich unvergeßliche Schläge beizubringen und sich gegenseitig in die entferntesten Ecken zu schmeißen, wobei die Freude immer weiter stieg.

Als dem Otto Mulz eine Schulter ausgerenkt wurde, verfiel man wieder ins Singen, sang von dem lieblichen Ereignis, und nach abermaligem Essen suchten die Herren auf dem Fußboden nach einem Festtagstraum.

Träumten angenehm bis zum nächsten Tag, lächelten sich innig zu beim Erwachen und stellten fest, daß man nicht bestohlen worden war um rechtmäßige und zustehende Freude. Und nach solchen Versicherungen beschlossen sie, zurückzukehren in das ansprechende, wenn auch schmucklose Gefängnis, um unnötige Schwierigkeiten zu vermeiden.

Machten sich also auf, die beiden, und gelangten alsbald zum Ort ihrer Bestimmung, der bewacht wurde von dem Aufseher Baginski aus Sybba. Dieser Mensch jedoch, wachsam wie er war, entdeckte die Herren, als sie in der Dämmerung durchs Fenster steigen wollten, rief sie drohend an und kommandierte:

»Der Unfug«, kommandierte er, »hat an diesem Haus zu unterbleiben, zumal Weihnachten. Alle Personen zurück.«

Worauf mein Großonkelchen entgegnete: »Wir fordern nicht gerade, was recht, aber was billig ist. Wir gehören hierher. Wir sind, wenn ich so sagen darf, wohnberechtigt.«

Baginski lugte durch das Fenster, äugte eine ganze Zeit hinein, und dann sprach er: »Die Betten, wie man sieht, sind besetzt. Die Herren schlummern. Da sie sich ausbedungen haben den Schlummer zum Festtag, hat jede Störung zu unterbleiben.«

»Ein Irrtum«, sagte Otto Mulz, dem die Kälte zuzusetzen begann. »Ein reiner Irrtum, Ludwig Baginski. Die Herren, die da schlummern, sind wir.«

»Wir möchten«, ließ mein Großonkel vernehmen, »die Schlafenden nur austauschen gegen uns.«

Ludwig Baginski, der Aufseher, blickte düster, blickte zurechtweisend, schließlich sagte er:

»Meine Augen«, sagte er, »sie sehen, was nötig ist. Und hier ist nötig Ruhe für zwei schlummernde Herren. Also möchte ich bitten um das, was gebraucht wird zur Erhaltung des Schlummers: nämlich Stille.«

Stellte sich, weiß Gott, gleich ziemlich drohend auf, dieser Ludwig Baginski, und zwang die Herren abzuziehen. Nun, sie zogen davon bis zu den Baumstümpfen des ehemaligen Striegeldorfer Forstes, stellten sich zusammen, und, da sie diesmal keinen Grund besaßen zu flüstern, vernahm man Otto Mulz folgendermaßen:

»Napoleon«, so vernahm man ihn, »hatte es schwer auf seinem Weg nach Rußland. Verglichen mit unserer Schwierigkeit, war seine ein Dreck.«

»Man müßte«, sagte Heinrich Matuschitz, »etwas ersinnen.«

»Mäuse«, sagte der alte Forstgehilfe. »Wir werfen Mäuse in das Zellchen, die werden unsere Köpfe wegknabbern, und wenn wir nicht mehr da schlummern, wird man uns wieder reinlassen, und wir können in Ruhe abbrummen die letzten Wochen.«

»Auch die Mäuse, Otto Mulz, sind zu dieser Zeit angehalten zur Freude. Sie finden mehr als genug. Nein, wir müssen warten, bis Ludwig Baginski sich niedergelegt zur Ruhe. Dann werden wir's noch einmal versuchen.«

Und das taten die Herren. Sie warteten frierend im ehemaligen Striegeldorfer Forst, und als die Stunde gut war und günstig, schlichen sie zum Gefängnis, stiegen diesmal unbemerkt ein, und waren gerade dabei, sich auf den Pritschen auszustrecken, als die Klappe in der Tür fiel und der Aufseher Baginski argwöhnisch hereinsah.

Es durchfuhr ihn, er grapschte in die Luft und taumelte zurück, und als die Benommenheit sich legte, rannte er nach dem Schlüssel, rannte zurück und schloß auf. Was er sah, waren zwei blinzelnde Herren, die auf ihren Pritschen lagen. Aber Baginski gab sich nicht zufrieden, respektierte keinen Schlummer und keinen Festtag, sagte statt dessen: »Meine Augen, die sehen, was zu sehen ist. Und sie haben in diesem Zellchen erblickt vier Herren statt zwei. Demnach möchte ich bitten um Aufschluß über die zwei anderen.«

»Wir haben, wie gewünscht, angenehm geschlummert«, sagte Mulz.

»Aber es waren vier, wie meine Augen gesehen haben.«

Darauf sammelte sich mein Großonkelchen und sprach: »Wenn ich mich, Ludwig Baginski, nicht irre, geschehen zu diesem Termin Wunder auf der ganzen Welt. Warum, bitte sehr, sollte Striegeldorf verschont bleiben von solchen Wundern? Besser, es geschieht ein Wunder als gar keins. Habe ich richtig gesprochen, Otto Mulz?«

»Richtig«, bestätigte der alte Forstgehilfe, und die Herren wickelten sich jeder in sein Deckchen und wünschten sich gute Nacht.

pschakret (auch pschakrew): ein Fluchwort

Erich Kästner

Weihnachtslied, chemisch gereinigt

(1928), nach der Melodie »Morgen Kinder wird's was geben«

Morgen, Kinder, wird's nichts geben!
Nur wer hat, kriegt noch geschenkt.
Mutter schenkte euch das Leben.
Das genügt, wenn man's bedenkt.
einmal kommt auch eure Zeit.
Morgen ist's noch nicht soweit.

Doch ihr dürft nicht traurig werden.
Reiche haben Armut gern.
Gänsebraten macht Beschwerden,
Puppen sind nicht mehr modern.
Morgen kommt der Weihnachtsmann.
Allerdings nur nebenan.

Lauft ein bißchen durch die Straßen!
Dort gibt's Weihnachtsfest genug.
Christentum, vom Turm geblasen,
macht die kleinsten Kinder klug.
Kopf gut schütteln vor Gebrauch!
Ohne Christbaum geht es auch.

Tannengrün mit Osrambirnen –
Lernt drauf pfeifen! Werdet stolz!
Reißt die Bretter von den Stirnen,
denn im Ofen fehlt's an Holz!
Stille Nacht und heil'ge Nacht –
Weint, wenn's geht, nicht! Sondern lacht!

Morgen, Kinder, wird's nichts geben!
Wer nichts kriegt, der kriegt Geduld!
Morgen, Kinder, lernt fürs Leben!
Gott ist nicht allein dran schuld.
Gottes Güte reicht so weit ...
Ach, du liebe Weihnachtszeit!

Christoph Kuhn

Die Abwesenheit

Der Weihnachtsmann drückt noch einmal lange auf den Klingelknopf. Nichts rührt sich. Er stapft ums Haus herum und schlägt mit der Faust an die heruntergelassenen Fensterläden. Nichts.

Schon aus einiger Entfernung hatte das Haus verlassen gewirkt zwischen den anderen in der Straße, aus denen warmes Licht durch die Fenster in die tief verschneiten Vorgärten fällt.

Er sieht wieder auf seinen Zettel: Schimmerling, Fichteweg fünf. Die Adresse stimmt. Es gibt keinen Zweifel. Die Möglichkeit, sich in der Stadt geirrt zu haben, kann er ausschließen.

Der Weihnachtsmann hatte sich mit zunehmendem Alter nur noch einen Auftrag pro Jahr vorgenommen. Es kam nicht auf die Masse an. Die Besuche bedeuteten ihm nicht nur Freude am Schenken, sondern waren auch seine einzige Geselligkeit zu Weihnachten.

Nach beschwerlichen Wegen durch die Kälte mit Säcken, die von Jahr zu Jahr schwerer wurden, saß er gern mit fröhlichen Leuten im warmen Zimmer unterm Christbaum. Manche luden ihn sogar ein, über Nacht zu bleiben, um am ersten Feiertag die gebratene Gans mit zu verzehren.

Vor zwei Jahren hatte er in einer Familie seine spätere, inzwischen ehemalige, Lebensgefährtin kennengelernt; seit Anfang Dezember war sie mit einem Typ namens Ruprecht, dem Gehilfen eines Heiligen, in die Türkei ausgewandert.

Wieso ist diese Familie hier heute nicht daheim?

Dass er nun einfach andere Leute beglückte, ist ausgeschlossen. Die Geschenke sind personengebunden: Für den Vater Stadionkarten,

Fußball, Oberligaspiele. Für die Mutter Küchengeräte und Bettwäsche, für den Sohn die Computerspiele *Geißeldrama zwei* und *Geiseldrama drei.*

Er holt den Generalschlüssel aus der Tasche. Ein Schlüssel, über den nur er als Weihnachtsmann verfügt. Der für alle Haus- und Wohnungstüren passt, in Deutschland und in jedem Land, wo man an den Weihnachtsmann glaubt.

Als er aufgeschlossen hat, geht das Licht im Flur an und die Alarmanlage los. Sollte die Polizei kommen, würde sie in ihm ja sofort den erkennen, der etwas bringt und nicht einen, der etwas mitgehen lässt.

Er legt den Sack auf den Boden. Technisch versiert, wie er ist, kann er die Alarmanlage abstellen. Er dreht die Heizung auf, macht in allen Räumen Licht, zieht die Rollläden hoch, damit er auf den Bäumen und Sträuchern den Schnee glitzern sehen kann und damit man von draußen aus sieht, dass hier Weihnachten gefeiert wird.

Es ist sehr ordentlich im Haus, aber nirgends weihnachtlicher Schmuck; im Gegenteil: auf einer Kommode steht ein Strauß mit Ostereiern. Den bringt er in den Keller. Dort findet er gut sortiert abgestellte Dinge: Sägen und Beile der Größe nach geordnet an der Wand. *Christbaumständer* liest er auf einem Karton und auf einem zweiten: *Christbaumschmuck.*

Mit einer Säge geht er in den Garten und kommt mit einer passenden Tanne wieder herein. Eine Stunde später steht sie geschmückt im Wohnzimmer, dem Weihnachtszimmer, und die Geschenke liegen darunter.

Es singen die Wiener Sängerknaben, die Regensburger Domspatzen, die Leipziger Thomaner und die Dresdner Kruzianer ... Der Weihnachtsmann dreht das Radio so laut, dass die Lieder bis ins Bad gut zu hören sind.

Er gießt viel Fichtennadelextrakt in die Wanne und genießt ein langes Bad bis zum Hals im heißen Wasser. Jauchzet, frohlocket! Der Schaum und sein weißer Bart gehen in einander über.

Er hört nur den Gesang und sein Plätschern. Doch jetzt den Knall, als die Tür ganz aufgestoßen wird. Mit einem Sprung steht die Polizistin vor der Wanne, in Panzerkleidung, mit Helm, mit beiden Händen die Pistole auf ihn gerichtet. Doch sofort richtete sie sie von ihm weg gegen die Decke. »Herr Schimmerling? Alles in Ordnung? Ein Alarmruf hat uns auf der Wache erreicht.«

»Alles in Ordnung«, sagt der Weihnachtsmann.

»Gut, dann war's wohl ein Fehlalarm. Ich ziehe meine Leute wieder ab. Entschuldigen Sie die Störung. Frohes Fest!«

»Frohes Fest.«

In der Pause vor dem nächsten Lied hört er Stiefelgetrappel durchs Haus und dann Autos starten. Stille Nacht, heilige Nacht.

Jetzt spürt er ziemlichen Hunger, steigt aus der Wanne, zieht sich den Bademantel des Hausherrn an und geht in die Küche. Der Kühlschrank enthält alles nach seinem Geschmack. Er röstet Brot, öffnet eine Dose Leberpastete, ein Gläschen mit Kaviar und die erste Flasche Bier.

Vorm Fernsehgerät versucht er, so etwas wie Geselligkeit zu erleben: Spielfilme, Ballett, Nachrichten aus aller Welt, Chöre im Schnee, falsche Weihnachtsmänner auf Schlitten.

Gleichzeitig installiert er das Spiel *Geiseldrama zwei* und versucht, als Top-Terrorist Geiseln zu nehmen, sie zu verstecken, ihren Wert zu checken, sie gegen Lösegeld freizugeben oder hinzurichten.

Schnell hat er vier Flaschen dunkles Bier und drei Gläser teuren Rotwein getrunken.

Nun wird er sich bald schlafen legen, in eins der frisch bezogenen Betten.

Schon will er sich erheben, den Fernsehapparat abzuschalten, da kommt in den Spätnachrichten die Meldung, im Dschungel auf Mindanao sei eine deutsche Familie, ein Ehepaar mit Sohn, von Rebellen in Geiselhaft genommen worden.

Er kann nicht mehr genau unterscheiden, ob das im Spiel passiert ist oder doch in der Wirklichkeit.

Hanns Dieter Hüsch

Dezember-Psalm

Mit fester Freude
Lauf ich durch die Gegend
Mal durch die Stadt
Mal meinen Fluß entlang
Jesus kommt
Der Freund der Kinder und der Tiere
Ich gehe völlig anders
Ich grüße freundlich
Möchte alle Welt berühren
Mach dich fein
Jesus kommt
Schmück dein Gesicht
Schmücke dein Haus und deinen Garten
Mein Herz schlägt ungemein
Macht Sprünge
Mein Auge lacht und färbt sich voll
Mit Glück
Jesus kommt
Alles wird gut

Kerstin Hensel

Advent

Sie rollen durch die große gläserne Tür, die sich automatisch vor ihnen auftut mit kätzischem Schnurren, sie rollen auf blankem Marmor hinaus in die Helligkeit, in den schneeverwölkten Morgen, der sie hoffärtig und kühl begrüßt wie die Hoteldamen, die Küchenmamsells, der Herr Direktor; und sie schirmen, wenn es ihre Beweglichkeit zulässt, mit den Händen die Augen ab vor dem Frühlicht, das hinter dem See wie mit Deckweiß aquarelliert übers Eis herüberkriecht zum Hotel, und vor allem Claas Junghans, der alte Maler, spürt beim Anblick des Lichtes lebendiges Reißen im steifen Bein, das mit einer Schiene waagerecht am Rollstuhl fixiert ist und Pia, seine Tochter, hält ihn mit weichem Händedruck fest, denn am liebsten würde Claas Junghans dieses Morgenbild malen und es in einem würdigen Rahmen in die Rotunde hängen, wo es der geschmückten Tanne, dem Adventkranz, dem Knusperhäuschen, all dem weihnachtlichen Zauber Ehre erweisen könnte, die Ehre echter Kunst, denn der alte Maler ist stets der erste, der nach dem Morgengruß rasch wieder zurück ins Hotel will, um noch vor dem Frühstück den Platz zwischen Kaminzimmer und Rezeption, wo sich der Gästecomputer befindet, einzunehmen und seiner Tochter zu befehlen: guck nach! und schon zeigt der Monitor in einer Art Videotanz all die Bilder, die Claas Junghans berühmt gemacht haben, und da rollen sie heran, die Damen und Herren Gäste und nehmen ihre Position ein vor dem Bildertanz, während der Künstler wie jeden Morgen von Museen erzählt, wo er, ein Schüler Franz Marcs, seine Werke einst präsentiert hat, jedoch heute, da Tuberkulose jeglichen Ruhm zernagt, würde er kaum noch ... Tuberkulose! ruft der Herr, den alle kennen und der alle kennt: Doktor med. Fechtner aus Magdeburg, ein fünfundsiebziger

Witwer in englischem Jackett und senfgelben Cordhosen, der hier jedes Weihnachten seinen Urlaub verbringt und stets überall auftaucht, wo sich die Gäste gern zum Plaudern versammeln: vor der Rezeption, in der Rotunde, im Kaminzimmer, im Speisesaal, in der Kegelhalle, dem Fitnessraum, dem Schwimmbad, auf dem hoteleigenen Bootssteg und natürlich abends in der Bar, wo Doktor Fechtner über die Gebrechenssymptome sämtlicher Gäste referiert, vielwissend, unterhaltsam: ein nimmermüder Pensionär, der ungefragt und doch von den meisten bewundert Sprechstunden abhält, Claas Junghans zum wiederholten Male die Auswirkungen der Tuberkulose, welche man auch *die Motten* nennt, erörtert und zugleich die anderen Zuhörer beruhigt, daß die Zeiten der Masseninfektion mit myobacterium tuberculosis vorbei seien, doch der Maler will von Krankheiten nichts wissen und begibt sich in eine rettende Absence, während Pia ihrem Vater über den Kopf streicht, ihn vom Computer wegrollt und Doktor Fechtner bittet, Papa doch besser mit lobendem Kunstverständnis zu erfrischen, aber der Arzt besteht auf seinen ureigenen Fähigkeiten, wendet sich dem nächsten Gast zu, von dem er glaubt, ihm sein Handicap aus medizinischer Sicht neu beleuchten zu können, denn Doktor Fechtner fühlt sich im Hotel der Habernack-Stiftung außerordentlich wohl, obgleich er selbst, nur an gelegentlicher Hypertonie leidend, nicht hierher gehört, aber er weiß, dass die meisten Gäste reden wollen und zwar mit ihm über sich, wie auch das Ehepaar Wellemeyr, die mit ihrem schwarzen Königspudel aus Oberdischingen angereist sind, beide an Folgen einer Kinderlähmung leidend, wobei Doktor Fechtner bei dem Pudel die interessante Beobachtung einer ausgeprägten Mimesis macht, denn wenn immer das Tier glaubt, die menschliche Aufmerksamkeit sei nicht genügend auf es gerichtet, beginnt es, gleich seinen Herrschaften, das rechte Hinterbein nachzuziehen; aber jetzt wird erstmal zum Frühstück geläutet, und die Gäste hinken, schlurfen oder rollen in den geschmückten Speisesaal, wovon man einen herrlichen Blick über den See genießt und der beste Platz für Manja reserviert ist, denn Manja ist von allen Gästen diejenige, die das Schicksal am schwersten getroffen hat, was ihr jedoch nicht bewusst ist, denn, im Rollstuhl festgegurtet, einen Latz um die Brust, stößt sie jedes Mal, wenn sie von ihren Eltern an den

Essplatz mit Seeblick geführt wird, einen freudigen Schrei aus, so durchdringend, dass selbst der taube Herr Wandruschek zusammenzuckt, und es folgen noch mehrere Schreie, alle nach der Art von Vögeln, denn Manja ist eine Vogelkundlerin, wenn auch in ihrer ganz privaten Welt, und so ahmt sie Krähenkrächzen, Pagageienkreischen oder Elsterkeckern nach, was ihre Eltern entzückt und Doktor Fechtner veranlasst, seine Tischgenossen über verschiedene Arten von Dysmorphien aufzuklären, denn Manja ist von den Gästen nicht gut geduldet, sie stört das Geistige, auf dem die Gäste hierorts beharren, auch wenn die meisten selbst derart versehrt sind, dass sie sich fremder Hilfe nicht erwehren können, und so muss Doktor Fechtner sie wegen Manjas Zustand beruhigen, auf das heilige Weihnachtsfest verweisen, auf die Leiden Jesus und auf die eigenen; dann setzt Manjas Lachmöwenschrei das Ende der Frühstückszeit, und die Gäste rollen aus dem Saal in die Rotunde, wo man sich jeden Morgen zum Adventsingen trifft, mit einer einfältigen, als Engel verkleideten Gitarrespielerin, aber die Gäste lieben es und sind dankbar, dass ihnen die Zeit mit Musik verkürzt wird, während es draußen wieder zu schneien beginnt, ein tolles Griesgestöber aufzieht und den Gästen nichts anderes übrigbleibt, als ihre geplanten Ausflüge in den Hotelpark oder ans Seeufer auf später zu verschieben, in die Bibliothek zu rollen, zu lesen, zu scrabbeln oder sich um den Computer und Claas Junghans zu scharen, der so feurig erzählen kann und eine Tochter hat, um die sie ihn beneiden, vor allem Friedhelm Dalicho, ehemaliger Direktor eines Kernkraftwerkes, dessen Gebrechen Doktor Fechner schon einmal zu einem abendfüllenden Vortrag über progressive Muskeldystrophie veranlasst hat, und obwohl Friedhelm Dalicho über sein nahes Ende Bescheid weiß, umkreist er mit seinem elektrischen Rollstuhl frech grinsend die weichhändige Pia, flüstert ihr Worte wie Kernfusion oder Teilchenbeschleunigung zu, was Pia als obszön empfindet und sie am liebsten abreisen würde, wenn nicht Vater auf diesen Urlaub bestünde, und so erduldet sie den Mann mit den schwindenden Muskeln und all die anderen, die Dalicho flegelhaft Geldkrüppel oder Behindertenadel nennt, aber das hören sie nicht, bei so etwas sind sie taub, und Friedhelm Dalicho kann sich die Seele aus dem Leib lästern, so lange, bis ihn seine Krankheit müde macht und er mit letzter Kraft in sein Zimmer fährt, wo er nur schwer zur Ruhe kommt; doch auch vor dem Computer kehrt endlich Ruhe ein und die Gäste zerstreuen sich in die Galerie, an den Kickerautomat oder in die Badelandschaft, welche mit technischen Raffinessen wie einem elektrischen Hebekran den Gelähmten aufwartet, so auch dem jüngsten Hotelgast: der zweiundzwanzigjährigen Ethnologiestudentin Kristin von Stachuwitz, einem badischen Adelsgeschlecht entstammend, nur puppengroß, mit von Geburt an grauenhaft entstelltem Körper, den sie, als sei sie stolz auf diese ungewöhnliche Kreation, in ihrem elektrischen, einer rollenden Babywaage gleichenden Fahrzeug herumfährt und ihr schönes makelloses Gesicht zeigt; aber im Schwimmbad zeigt sie den verblüfften Badegästen noch anderes, nämlich Tätowierungen, die ihren Leib vom Bauch bis zum Hals verzieren: mäandernde Arabesken, Drachenköpfe, Schlangen, archaische Symbole, die selbst Claas Junghans' expressionistische Bilder in den Schatten stellen, und Kristin von Stachuwitz nimmt dankbar das Staunen der Badegäste entgegen, und wenn sie in unbegreiflich geschickter Weise ihren Rumpf mit den Beinstummeln vom Rollwägelchen auf die Wasserrutsche schwingt, aufjauchzend hinab ins Schwimmbecken rauscht und mit den kaum vorhandenen Ärmchen ihre Bahnen zieht, gibt es für die Studentin Applaus; dann ist schon der Mittag da und mit ihm die Gesellschaft der Hungrigen, begleitet von Majas Zwitschern und dem Geruch des Kommenden, während draußen Schnee die Landschaft zuschüttet wie mit zur Erde gesunkenen Wolken, und die flinkfüßigen Servierkräfte das Menü bringen, Zanderfilet auf der Haut gebraten, da erscheint auch Frau Kunz mit ihren dicken Wasserbeinen, die, samt dem gewaltigen Leib von hochhackigen Schuhen getragen werden, eine riskante Akrobatik, die Doktor Fechner jeden Tag aufs Neue tadelt, aber Frau Kunz kennt ihre Rechte, vor allem das der freien Entscheidung über die Art der eigenen Existenz, und Noblesse geht ihr nun mal über das Tragen von Gesundheitsschuhen oder zurückhaltender Nahrungsaufnahme, und so vertilgt Frau Kunz drei Portionen Zanderfilet, sie hat ja das Frühstück ausfallen lassen und dadurch einen Kostenbonus erwirkt; zwei Stunden später sitzt sie im Café und nimmt vom Weihnachtskonfekt, so viel sie vertragen kann, während sich einige Gäste wagen, durch den eisfreigehaltenen Weg vom Hotel zur hauseigenen Bootsanlegestelle zu rollen, die schneidend klare Luft zu atmen, die weißglitzernde Seenplatte zu bestaunen, und Manja imitiert Schwanengesang, der wie das Tuten eines Dampfers klingt und ihre Eltern entzückt, aber schnell muss man wieder zurück, denn neue Schneeschauer kündigen sich an, der Heiligabend mit Kinderchor und Weihnachtsmann, wo sich alle in der Rotunde unter der geschmückten Tanne versammeln, mitsingen oder summen, so traurig gerührt wie erwartungsvoll, denn wie in ihrer Kindheit teilen drei Engel Geschenke aus, eine Leistung, die im Buchungspaket der Habernackstiftung inbegriffen ist, und Manja würde vor Freude am liebsten aus ihren Fesseln steigen und losfliegen, aber es reicht nur für einen Araraschrei, unfeierlich durchdringend, womit sich Manja böse Blicke auflädt, während Friedhelm Dalicho hämisch seine knochigen Finger reibt, aus tiefster Seele die Störung begrüßend, denn er hasst diesen Zauber, der so weit weg von seinen physikalischen Kenntnissen liegt, so weit wie sein immerwährendes Ziel, Pia für sich zu interessieren, aber da singen schon alle im Chor *Advent Advent ein Lichtlein brennt,* Frau Kunz knuspert am Lebkuchenhäuschen, das hinkende Paar Herr und Frau Wellemayr summt die Melodie mit, während es den Königspudel über das schwarzkrause Fell streicht und er dabei sonderbar knistert, als stünde er unter Strom, aber da schweben die Engel auf Kristin von Stachuwitz zu, um ihr ihr Geschenk auf den Bauch zu legen: eine bestickte Küchenschürze, was Friedhelm Dalicho als herrlich geschmacklos empfindet und lacht, bis ihm die Luft aus dem gewächten Körper zu weichen droht, und so muß er in sein Zimmer gebracht werden, was wiederum Doktor Fechner zu einem Kurzreferat über die Auswirkungen des x-chromosalen Erbgangs veranlasst, aber die Hoteldamen wissen mit solcherart Vorfällen umzugehen und beruhigen die Gäste: das Christkind ist schon im Anmarsch, das wissen sie genau; noch einmal singt der Kinderchor, dann ist es draußen dunkel geworden, doch der Schnee leuchtet aus sich heraus durch die Fensterscheiben der Rotunde, und erwartungsvoll rollen die Hotelgäste näher an die Scheiben heran, versuchen aus dem Dämmer etwas zu erkennen; das plötzliche Bellen des Pudels reißt ihre Blicke hoch: sie sehen es kommen, tatsächlich über die Schneedecke des Sees, ein kleines lahmes Wesen, das sich bald als Ente entpuppt, der Pudel wie irrgeworden kläfft, Manja aufgeregt schnattert, und der Vogel watschelt über den Schnee, legt sich immer wieder auf den Bauch, steckt abwechselnd die Füße unter die Flügel, um sie zu wärmen und sich weiter zu bewegen, bis vor die Hoteltür, die sich schnurrend öffnet, und er tritt ein, setzt Fuß vor Fuß auf den glatten Marmor, und alle verharren starr und demütig in ihren Sesseln oder Rollstühlen, selbst dem Pudel hat es das Kläffen verschlagen, und der Vogel dreht eine Runde, ganz selbstverständlich, putzt sich kurz das Gefieder, um durch die elektrisch gesteuerte Tür wieder hinaus zu watscheln, in die sagenhafte Nacht, dahin, woher er gekommen war, aber wo ist das? fragt Pia, und ihr Vater, der alte Maler Claas Junghans, sagt: das weiß der Herrgott allein.

Kai Engelke

Eine heilige Familie

An einem sonnigen Vorweihnachtstag, Anfang Dezember vor ein paar Jahren, das Thermometer zeigte vierzehn Grad Celsius, die Vögel zwitscherten, und auf der Terrasse blühten die Rosen – hatten wir die Schnauze voll. Ein für alle Mal! Es reichte! Meine Frau und ich riefen den Familienrat zusammen, um gemeinsam über die zukünftige Gestaltung der Weihnachtszeit zu beraten.

»Die Adventszeit ist ja überhaupt nicht mehr die besinnliche, im Gegenteil, sie ist zur lautesten Zeit des Jahres verkommen. Nur Hektik und Stress, wohin man sieht, wohin man hört«, eröffnete meine Frau die Diskussionsrunde. Ihr Gesichtsausdruck signalisierte Müdigkeit und Resignation.

»Von wegen Fest der Liebe! Weihnachten ist das Fest des marktgesteuerten Konsums. Der Kapitalismus lebt!«, pflichtete mein ältester Sohn ihr bei.

»Fangt bloß nicht wieder davon an, dass früher sowieso alles besser war!«, warnte meine Tochter. In ihrer Stimme schwang ein drohender Unterton mit.

»The times, they are a-changin'!«, zitierte mein zweitältester Sohn Altmeister Bob Dylan, ohne von seinem Handy-Prospekt aufzusehen.

»Ja, genau!«, sagte ich und setzte noch eins drauf: »Tempora mutantur!« Ein lateinisches Zitat in einer kontroversen Diskussionsrunde macht sich immer gut. Das heißt, so kontrovers war unser Gespräch ja gar nicht. Wir waren uns immerhin einig, dass etwas Entscheidendes geschehen musste. So konnte es nicht weitergehen. Wir alle hatten schließlich die Schnauze voll. Gestrichen sozusagen!

»Und was meinst du?«, fragte ich unsern Jüngsten, der hoch

konzentriert Dinosaurierbilder sortierte. Seine Antwort kleidete er in einen weihnachtlichen Zweizeiler: »Stille Nacht, geile Nacht, Geschenke werden bald gebracht.«

»Von wem hat das Kind das nur?«, fragte meine Frau, wobei sie nicht nur sorgenvoll ihren Kopf schüttelte, sondern auch ihren Blick auf mich richtete.

»Egal!«, sagte ich. »Eines ist jedoch gewiss: die Zeit des Handelns ist nun gekommen. Ich schlage daher vor, das Weihnachtsfest mit sofortiger Wirkung und für alle Zeit, ein für allemal abzuschaffen.«

Die Familie quittierte meinen Vorschlag zunächst mit eisigem Schweigen. Doch bald darauf prasselte ein Wortgewitter auf mich hernieder, wie ich es in seiner Heftigkeit kaum jemals für möglich gehalten hätte. Alle redeten gleichzeitig. Ich konnte zwar kaum ein Wort verstehen, doch dass *ich* nun der Blödmann der Familie war, das war mehr als deutlich herauszuhören.

Beschwichtigend hob ich die Arme und rief immer wieder: »War doch nur ein Vorschlag, Leute, eine Diskussionsgrundlage, nichts weiter! Man kann doch über alles reden! Wir können es ja auch ganz anders machen!«

Endlich kehrte wieder Ruhe ein.

»Okay, okay«, sagte ich. »Also ein zweiter Versuch. Was hieltet ihr davon, das Weihnachtsfest völlig umzugestalten? Wir machen einfach alles anders als bisher. Wir verpassen dem Fest sozusagen ein neues Outfit, eine völlig andere Struktur.«

»Hört sich schon besser an«, sagte mein Ältester. »Wie stellst du dir das denn vor?«

»Na ja«, überlegte ich laut, »statt *Stille Nacht, heilige Nacht* hören wir ab jetzt *Spiel mir das Lied vom Tod* und statt *Ihr Kinderlein kommet* singen wir gemeinsam *Marmor, Stein und Eisen bricht*.«

»Heiß«, sagte meine Frau.

»Cool«, sagte meine Tochter.

»Und was ist mit den Geschenken?«, fragten sie beide im Chor.

Auch für dieses leidige Problem musste sich eine Lösung finden lassen. Die Überlegung meines Drittältesten, nämlich, dass jeder einem weiteren Familienmitglied das schenkt, was er sich selbst am sehnlichsten wünscht, fand keine Mehrheit. Demnach hätte ich meiner Frau ein schweres Motorrad und sie mir einen längeren Aufenthalt in einer Wellness-Farm im sonnigen Süden schenken müssen. Nee, das konnte es auch nicht sein.

Mein Zweitältester meinte irgendwann wie beiläufig: »Und was hieltet ihr davon, einfach auf Geschenke zu verzichten?«

Wahrscheinlich hatte keiner so richtig hingehört oder wir wollten die Sache einfach nur möglichst rasch vom Tisch haben, jedenfalls wurde dieser Vorschlag zu meinem Erstaunen einstimmig angenommen. Gesprächsweise entwickelten wir einen nach Alter gestaffelten Geschenkverzichtsplan. Sieger dieses familieninternen Wettbewerbs sollte jeweils derjenige sein, der auf das kostspieligste Geschenk verzichtete.

Was machten die für Augen, als ich auf meine Harley-Davidson verzichtete und so im ersten Jahr locker den ersten Preis abräumte.

Im darauf folgenden Jahr trickste meine Frau uns alle aus. Listig verzichtete sie auf eine zweimonatige Weltreise und stand so als überlegene Siegerin da.

Ihr Vorschlag, unsere balinesische Holzkatze jährlich zur Weihnachtszeit mit Figürchen aus Überraschungseiern zu schmücken, um auf diese Weise die herkömmliche Fichte zu ersetzen, fand begeisterte Zustimmung.

Zu Weihnachten lese ich der versammelten Familie gerne vor. *Der Hund von Baskerville* erwies sich im Laufe der Zeit als bestens geeigneter Text für diesen Zweck.

Auf ein Krippenspiel wollen wir natürlich auch nicht verzichten. Immer am ersten Weihnachtsfeiertag führen wir unsere Version von *Einer flog übers Kuckucksnest* auf. Hey, was ist das jedesmal für ein Spaß! Und Weihnachten soll ja auch ein Fest der Freude sein.

Die Nachbarn hielten uns zuerst für völlig durchgeknallt. Doch das änderte sich innerhalb kürzester Zeit. Zuerst waren es die Frielings, die uns kopierten, dann die Fischers von gegenüber und bald darauf auch die Gretel-Tiefenbergers von Nummer zwölf. Inzwischen feiern nicht nur sämtliche Nachbarn wie wir. Die ganze Stadt, ja, schon ein großer Teil der Region hat unsere weihnachtlichen Umstrukturierungen übernommen und teilweise sogar weiterentwickelt. Aller Wahrscheinlichkeit nach wird es bald tief greifende Weihnachtsfestumstrukturierungen in ganz Niedersachsen geben. Es ist abzusehen, dass in Kürze die gesamte Nation das Weihnachtsfest nach unserem Vorbild zelebrieren wird. An eine europa-, ja, sogar weltweite Ausdehnung unserer Sitten und Gebräuche lässt sich mit Fug und Recht schon jetzt denken.

Vor ein paar Tagen ereilte uns jedoch ein herber Rückschlag. Sofort, als ich von der Arbeit nach Hause kam – ich hatte einen Vortrag über zeitgemäße Arten weihnachtlicher Riten gehalten – nahm mich meine Frau still beiseite, um mir etwas Schreckliches, etwas Entsetzliches zu zeigen. Sie führte mich nach oben, in das Zimmer unseres Jüngsten. Schon auf der Treppe krochen mir diese Klänge in die Gehörgänge: *Oh du fröhliche, oh du selige, Gnaden bringende Weihnachtszeit* ... Unser Jüngster hockte mit verzücktem Gesichtsausdruck auf seiner Bettkante und betrachtete eine kleine, mit Lametta und bunten Glaskugeln behängte Fichte, an der sogar ein paar Wachskerzen flackerten.

Meine Frau und ich waren sprach- und ratlos. Von wem hatte der Junge das nur? Zu irgendeinem Zeitpunkt mussten wir in unserer Erziehung völlig versagt haben.

Sabine Raczkowski

Weihnachtssonett

Ein Knistern leis' beim Öffnen aller Türen,
es huscht ein Lächeln über mein Gesicht.
Ich weiß die Gaben, weiß, du ahnst sie nicht.
Vor Wochen schon begann die Päckchen ich zu schnüren.

Die Lichter kommen nun, um zu verführen,
ein Trommelwirbel vor dem Hauptgericht
– in jedem Jahr das gleiche Baumgedicht –
dem Rezitator muss das Lob gebühren.

Die Glocken läuten, wenn wir schweigend lauschen
und dabei Päckchen, wie auch Blicke tauschen.
Wenn du dich freust, seh' ich die Englein springen,

und bin gerührt beim Halleluja singen.
So ist es wieder, und so soll es bleiben;
zu schwer, ein anderes Sonett zu schreiben.

Klaus Seehafer

Wo ist der Kleine?

Ich erinnere mich an nichts, denn ich war damals erst vierzehn Monate alt. Und mein Vetter Erich wollte nichts mehr davon wissen und hat sich noch als älterer Herr gewaltig darüber geärgert, wenn bei Familientreffen die Rede darauf kam. Vielleicht hat er die ganze Geschichte tatsächlich verdrängt.

1947 setzte der Winter früh und heftig ein. Meine Eltern hatten nach der Flucht Quartier in Breitenbach gefunden, einem Dorf in der Nähe der hessischen Stadt Alsfeld. Sie wohnten im Anbau eines Hauses, das dem Müller gehörte und nur einen Raum hatte. Überall zog es, und mein Vater hatte den kleinen Kochofen mit einem abenteuerlich gewundenen Abzug versehen, damit er inwendig möglichst viel Wärme abgab. Die Müllerin war lieb und entgegenkommend, und ihr Mann, obwohl zu Anfang wenig erbaut davon, dass ihm der Bürgermeister eine dreiköpfige Familie zugewiesen hatte, immerhin ein Vertreter jener lebenserhaltenden Berufe, von denen damals auch die Verwandtschaft profitierte, oft noch Freunde und manchmal sogar Fremde wie wir.

Meine Mutter erwarb sich als Näherin schnell Anerkennung im Dorf. Vater kannte sich als ehemaliger Holzkaufmann gut mit Bauern und Waldarbeitern aus und verdiente jetzt seinen Unterhalt als Holzfäller in den umliegenden Forsten. Ich selbst betrachtete die Welt mit den Augen eines gesunden, wohlgenährten Babys und fand sie wohlgeraten. Milch war stets genug da, und von den Sorgen bekam ich nichts mit.

Es ging uns also den Umständen entsprechend gut, auch wenn mein Bettchen ein Waschzuber war, der auf vier hohen Holzbeinen stand, und alle Lebensmittel in Säckchen aufbewahrt wurden, die man der Ratten wegen unter die Decke gehängt hatte.

Andern ging's schlechter. Meiner Tante und meinem Onkel in Berlin zum Beispiel, die im Keller ihres zerbombten Hauses zwar mehr Platz hatten als wir hier, dafür aber sehr unter Hunger zu leiden hatten. Ihr damals zehnjähriger Sohn Erich wurde richtig krank davon, weshalb Tante Viktoria eines Tages nach Breitenbach schrieb, ob es nicht möglich sei, ihn bis zum Frühjahr aufzunehmen. Wenn er wieder ein bisschen zu Kräften gekommen sei, könne er auch was arbeiten, das könne er sogar sehr gut. Sie hätten gerade Gelegenheit, den Jungen in einen Bus zu stecken, der durch die sowjetische Besatzungszone fahre, es müsse ihn nur jemand an der Grenze zur amerikanischen abholen, die sei aber nicht so weit von Alsfeld entfernt.

Für meine Eltern war es selbstverständlich, Erich kommen zu lassen. Sie hatten das rundliche Kerlchen noch im ersten Kriegsjahr kennengelernt. Aber wer da eines Novembertages in Hersfeld ausstieg, war ein ausgemergelter, aufgeschossener, blasser Junge. »Du kennst ihn ja nur als Erwachsenen«, hat mir Vater später erzählt, »und machst dir keine Vorstellung davon, wie er ausgesehen hat. Ich wusste nicht, dass Kinder Ringe unter den Augen haben können. Ich wusste nicht, dass ihre Brust einfällt und ihre Haut grau wird.«

Erich muss in den ersten Tagen alles aufgefressen haben, was ihm nur vor Augen kam, egal, ob es erlaubt oder verboten war. Er hatte einen so schlimmen Hunger, dass sich eine Erinnerung daran wohl zeitlebens in ihm lebendig erhalten haben muss. Heute ist er ein dicker Mann, Gourmet und Gourmand gleichermaßen, der sich ungeachtet ärztlicher Empfehlungen auch nicht mehr einzuschränken gedenkt.

Was am 24. Dezember 1947 passiert ist, kann ich, wie gesagt, nicht wissen. Aber das damit verbundene Anekdoten-Puzzle wird bei jeder Familienfeier immer wieder neu zusammengesetzt, ob es Erich nun gefällt oder nicht.

Im November also fraß er sich wieder in Form. Anfang Dezember war er schon ganz gut zu Kräften gekommen und sah auch nicht mehr aus, als könne man ihm »ein Vaterunser durch die Backen blasen«, wie meine Mutter zu sagen pflegte. Nur hatte sie ein Problem mit dem

Weihnachtsgebäck. »Erst hatten wir keine Zutaten, dann die Ratten, jetzt den Erich. Wenn er auch nur sieht, dass ich das Backrohr vorbereite, krieg ich ihn nicht mehr vom Rockzipfel. Er nascht nicht nur, er frisst mir, wenn ich nicht aufpasse, alle Zutaten einzeln weg.«

Daraufhin nahm ihn Vater mit ins Holz. Dort sammelte er, ausgestattet mit einem sogenannten »Raff- und Leseschein«, alles am Boden liegende Holz, das er fand, in einen Leiterwagen und stapelte es zu Hause neben dem Ofen auf. Wenn er für genügend Vorrat gesorgt hatte, schickte ihn meine Mutter mit Botengängen durchs Dorf. Oder die Bäckerin – auch eine sehr liebe Frau – ließ ihn die von den Bäuerinnen zum Backen gebrachten Blechkuchen austragen und gab ihm vor jedem Gang ein bisschen Fehlgebackenes mit. Ob sie auf diese Weise verhindern wollte, dass er die Ware anknabberte, ist nicht bekannt, aber allein die Vorstellung bietet natürlich hübsche Möglichkeiten, Erich auch heute damit immer wieder zu ärgern.

Am Weihnachtsvormittag hatte mein Vater frei bekommen und versuchte, aus der Wohnkammer eine gute Stube zu machen, mit ein bisschen festlichem Flimmer, wie zur Vorkriegszeit. Meine Mutter kochte, backte und war nervös, weshalb man ihr tunlichst auszuweichen hatte. Vater hatte am Morgen auf dem Abfallhaufen der im Ort einquartierten Amis einen angebeulten, sonst aber unbeschädigten Dreilitereimer mit eingemachten Pfirsichhälften entdeckt. Der überaus wertvolle Inhalt wurde als Belag für mehrere Torten verwendet, natürlich auch für Nachspeisen; und ich selber bekam davon Fruchtbrei. Von der Müllersfamilie und den Kundinnen hatte es schon am Tag zuvor kleine Weihnachtsgeschenke gegeben, ausnahmslos Nahrungsmittel, aber die mussten natürlich alle sofort verarbeitet werden. Erich und ich, der ich damals bereits krabbelte und störend zwischen jedermanns Beinen herumkroch, waren in dieser Enge nicht genehm. Darum hüllte mich meine Mutter in Unmengen Selbstgestricktes, setzte mich in den Kinderwagen und sprach zu Erich den verhängnisvollen Satz: »Fahr mit ihm, wohin du willst, aber komm nicht vor dem Mittagessen wieder.«

Soviel hat sich später rekonstruieren lassen, dass Erich mit mir erst durchs ganze Dorf gezogen ist, dann in den Oberforst hinaus und schließlich, was wegen der Bombentrichter nicht ganz ungefährlich war, in die Alte Siedlung am Hang hinüber. Weil das Schieben des Kinderwagens schon im Ort selber schwer war und Erich kaum mit ihm über die schlechten Wege jenseits des Breitenbaches gekommen wäre, hatte er ihn kurzerhand auf seinen Schlitten gebunden und kam damit ganz gut vorwärts.

Warum aber dieser Eifer, nachdem er den Auftrag anfangs nur unlustig übernommen hatte?

Ganz einfach: Ich muss damals auf alle Menschen ausgesprochen niedlich gewirkt haben und wünsche mir manchmal, auch heute noch so ohne alle Leistung wirken zu können. Aus dem Kinderwagen schaute ein kleiner Wollberg und aus diesem mein rundes, von Hautcreme glänzendes Gesichtchen heraus. Ab und zu soll ich mit den Händchen gewedelt haben und überhaupt den ganzen Tag sehr vergnügt gewesen sein, selbst dann noch, als es schon an der Zeit gewesen wäre, mir die Windeln zu wechseln.

Erich war schon bald auf eine unvermutete Nebenwirkung seiner Tätigkeit gestoßen und hatte sie über den Tag hin planmäßig ausgebaut. Die kinderlose Müllersfrau hatte uns als erste gesehen, entzückt mit dem Zeigefinger meine Lachstelle am Kinn gekitzelt und jedem von uns ein Riegelchen amerikanische choclat in die Hand gedrückt. Dann waren wir den unverheirateten Schwestern Raith begegnet, die mich seit drei Wochen ganz besonders in ihr Herz geschlossen hatten, weil sie in mir das höflichste Kleinkind sahen, das ihnen je begegnet war. »Raith-Damen« soll ich sie nämlich genannt haben, was sie besonders entzückte, als sie erfuhren, dass dies mein absolut erstes Wort gewesen sei. Was sie nicht wussten, war, dass mein Vater mich abends gern aufs Knie nahm und das immer wilder werdende Hopse-Spiel »Es reiten die Damen, es reiten die Damen« spielte. Jedenfalls hatten die »Raith-Damen« Erich und mich umgehend ins Haus geholt. »Der arme Junge muss doch jetzt erst mal was essen.« Und während der arme Junge eine Milchsuppe bekam, vergnügten sie sich damit, meine Bäckchen zu streicheln, ihre Zeigefinger von meinen Händchen packen zu lassen und ähnlichen Schabernack zu treiben, der seine Wirkung auf kleine Kinder nie verfehlt.

Vor Erichs innerem Auge, das sich irgendwo auf Höhe seines Magens befinden mochte, stiegen ungeahnte Möglichkeiten auf. Als nächstes ging er hinüber zum Schreiner-Bauern, schaute dann kurz bei den alten Viertels vorbei, »weil dem Kläuschen die Backen so kalt geworden sind«, stapfte später hinaus zum Förster, der uns kannte, weil er öfter mit meinem Vater zu tun hatte. Es war eine lange Strecke, und auf jeder Station bekam »der fleißige Erich« eine Kleinigkeit zugesteckt, es war ja schließlich Weihnachten; und auch ich muss mein allzu großes Teil von diesen Kleinigkeiten abbekommen haben, wie ein heftiger Durchfall zeigte, der mir – und damit auch meinen Eltern – die Feiertage über heftig zu schaffen machte.

Aber auch ein noch so hungriger Junge ist einmal satt, und wenn er satt ist, will er spielen. Ins Dorf zurückgekehrt, stieß Erich auf einige seiner neuen Freunde, und gemeinsam vergnügten sie sich mit Schneeballschlacht und Eisbahnschlittern. Über dem verging die Zeit, und ich hätte schon längst an den heimischen Herd und aufs Töpfchen ebendort gehört. Da aber von uns beiden nichts zu sehen war, machte sich meine Mutter schließlich auf und fand Erich dort, wo das größte Hallo war: beim Schreiner-Bauern, der eine große Scheune voller Heu hatte, auf dem man zu Tal rutschen oder in das man Höhlen hineinbohren konnte.

Alle waren sie da: Edwin und Eberhard, die Zwillinge vom Bauern, der rothaarige Florian Zwicknagel, die große und die kleine Annelies, des Bürgermeisters Sohn Heinrich und sein Freund, der dicke Adolf, alle – nur ich nicht.

»Erich!« rief sie erschrocken, »um Gotteswillen, wo ist der Klaus?«

Erich kroch aus dem Heu heraus und machte ein Gesicht tiefster Nachdenklichkeit, hinter dem sich die blanke Denkleere verbarg. Einen langen Augenblick habe er, so meine Mutter später, ein schafsdämliches Gesicht gemacht. Dann fing er an zu weinen, womit auch nicht viel anzufangen war. Fest stand einzig, dass er mich irgendwann irgendwo stehengelassen hatte. Zunächst muss er noch in meiner Nähe gespielt haben, dann immer weiter entfernt, bis er eben mit den anderen beim Schreiner-Bauern gelandet war.

Wo aber hatte nun der Kinderwagen gestanden, als Erich ohne mich weitergezogen war? Er hatte absolut keine Ahnung mehr, rannte kreuz und quer durchs Dorf, erst nur mit meinen Eltern, dann nahmen auch die Nachbarn an der Suche teil, denn jeder, bei dem wir klopften, beunruhigte sich natürlich auch. Viele hatten mich im Laufe des Tages gesehen, aber wo war ich jetzt? Schließlich wurde ich gefunden – bedenklich nahe am Breitenbach abgestellt, umzischt von zornigen Gänsen und friedlich lächelnd mit einem tauenden Schneeball beschäftigt, der auf meine Zudecke gefallen war. Als auf einmal so viele Menschen um mich standen, muss mir die Sache unheimlich geworden sein. Vielleicht spürte ich auch allmählich die Feuchtigkeit unter mir und den Hunger in mir, jedenfalls begann ich sofort zu brüllen, woraufhin sich alle merkwürdigerweise beruhigten. Ein brüllendes Kind ist ein gesundes Kind. Mein Vater behauptet bis heute, ich hätte daraufhin noch mehr gebrüllt und zwar mit einer gewissen empörten Grundnote.

Kurz und gut: ich lebte, konnte gefüttert und gesäubert werden. Der arme Erich aber war so durch den Wind, dass er es schon als Weihnachtsgeschenk empfand, als er zur Dämmerstunde einfach auf seiner Liege sitzen durfte und in Ruhe gelassen wurde. Er war ja im Grunde ein zuverlässiges Kind und über die eigene Nachlässigkeit tief erschrocken. Entsprechend seinem Grundnaturell ist er später Versicherungsbuchhalter geworden, auf den sich sein Betrieb auch immer voll und ganz verlassen konnte.

Den Rest des Tages habe ich oft von meinen Eltern geschildert bekommen: Der Krieg war vorbei, die gröbste Not auch, Weihnachten mit dem ersten Kind – das prägt sich ein. Ich brauchte noch nichts, um ein glückliches Christkindchen zu sein, bestaunte die kleine Tanne, die mein Vater, wie alle Waldarbeiter, geschenkt bekommen hatte. Eine Tanne mit ein paar Kerzen darauf und den erzgebirgischen Figürchen vom Winterhilfswerk, die ich heute noch an den Weihnachtsbaum hänge. Der Erich bekam Wollhandschuhe und einen dazu passenden Schal, womit sich meine Mutter viel Mühe gegeben hatte, nicht nur, damit es der Junge warm hatte, sondern auch, weil sie damit bei ihrer Schwägerin Ehre einlegen wollte. Am meisten aber hat ihn gefreut, dass sie nur für ihn allein einen sogenannten »Gugelhupf« gebacken hatte, einen Topfkuchen mit Rosinen und Zitronat aus dem letzten Carepaket.

Onkel und Tante in Berlin werden wohl in jenen Tagen unablässig mit den Gedanken bei ihrem Jungen gewesen sein. Glücklicherweise hatte mein Vater den Erich lange vorm Ersten Advent unnachgiebig gedrängt, seinen Eltern zu schreiben, was er schließlich auch getan hat. Der Brief kam nach einer Laufzeit von viereinhalb Wochen genau einen Tag vor Weihnachten in der zerbombten Stadt an. Erichs Eltern haben ihn wieder und wieder gelesen und Tante Victoria hat jedesmal geweint, wenn sie zum P.S. meiner Mutter kam. Darin hieß es nämlich, dass der Junge mittlerweile schon fünf Kilo mehr als bei seiner Ankunft wiege und außerdem ein ganz lieber sei.

IRDISCHES NACHSPIEL

Kai Engelke

Über die pädagogische Vermittlung weihnachtlicher Traditionen

Stille Nacht, heili – Pssst! *Heilige Nacht! Alles schläft, einsam* – ihr sollt singen, nicht quatschen!

Einsam wacht/ nur das traute hochheilige Paar – Kevin und Malina, hört sofort auf da jetzt – *holder Knabe im lockigen* – Kevin, du sollst Malina nicht an den Haaren ziehen! – *lockigen Haar, schlaf in himmlischer Ruh* – Ruhe, sag ich! – *Schlaf in himmlischer Ruh!*

Kevin, du gehst jetzt am besten mal raus! Nein, keine Diskussion! Ich hab jetzt die Schnau ... Komm! Ab! Vor die Tür!

Stille Nacht, heilige Nacht! Hirten erst kundgemacht – Marcel, wie oft soll ich dir noch sagen ... na, hör mal, ich hab's doch mit eigenen Augen gesehen, nu erzähl mir doch nichts!

Durch der Engel Halleluja – ich kann mir auch was Besseres vorstellen, als mit euch hier ...

Tönt es laut von fern und von nah – Nein, verdammt noch mal, es hat nicht geklingelt, das war Lenas Geodreieck!

Christ, der Retter ist da, Christ, der Retter ist – Maria, wo ist eigentlich dein Liederheft? Nein, das hattest du beim letzten Mal auch schon nicht dabei! *Christ der Retter ist da.*

Stille Nacht, heilige Nacht! – Mein Gott, was ist denn jetzt schon wieder los? Markus, nun lass doch endlich die Lisa mal in Ruhe! Das muss doch nicht sein! Immer dieses ...

Gottes Sohn, oh wie lacht – die dummen Sprüche könnt ihr euch sparen! Der hieß nicht Owie, der hieß Jesus – okay, Jens: »hat geheißen«, du hast ja Recht!

Gottes Sohn, oh wie lacht Lieb aus deinem göttlichen Mund, da uns schlägt die rettende Stund – nein, da wird niemand geschlagen, Jens! Ich weiß, Jens, schlagen ist schlecht, das tut man nicht, aber in diesem Lied – ja, Jens, das stimmt schon – aber hier in diesem Fall ist eine Uhr gemeint, die schlägt. Die Glocke einer Uhr, das sagt man so ... Jens, nun halt doch endlich mal deine ...

Da uns schlägt die rettende Stund – Was? Mathe! Mathe habt ihr in der nächsten Stunde! Das ist doch nicht zu glauben!

Christ, in deiner Geburt – Ja, Jens, natürlich, das wissen wir alle: Jesus. Aber sein voller Name war Jesus Christus von ... was? Sieh mal, du bist doch auch ein Christ, nein, du bist natürlich nicht Jesus, ein Christ! Nun reicht's mir aber, Jens, mit deiner ewigen Besser... ach, hör doch auf, Schluss jetzt!

Christ, in deiner Geburt!

So, Finito! Hefte zu! Wegpacken! Pause!

Christoph Kleemann

Prost, Genossen!

Als Hauptmann Körner den Kultursaal betrat, sprangen alle von ihren Plätzen hoch.

Nicht doch, Genossen, eine Weihnachtsfeier ist doch keine Dienstberatung. Lassen wir die Förmlichkeiten! Ich will heute ganz ungezwungen mit Ihnen, meinen Mitarbeitern, feiern. Er nahm seinen Platz am Giebel der langen Tafel ein und fuhr fort: Ich habe meine Rede extra knapp gehalten, damit der fröhliche Teil nicht zu kurz kommt. Aber ehe ich irgendetwas sage, lasst uns erst mal zusammen anstoßen. Elvira, bring bitte den Wodka!

Während seine Sekretärin eiligen Schrittes den Raum verließ, schaute er sich um.

Seine Mitarbeiter hatten wirklich alles schön gemacht. An der langen, freien Wand, direkt unter dem Bild des Staatsratsvorsitzenden, stand eine kleine Rotfichte. Nun gut, er hatte schon geradliniger gewachsene Bäume gesehen. Aber was sollte man für die paar Mark aus der Kasse für Kulturveranstaltungen schon anderes kriegen. Umso sorgsamer war die elektrische Beleuchtung angebracht. Die Kerzen standen so aufrecht, dass an ihnen, wären sie aus Wachs, kein Tropfen herab laufen könnte. An der gegenüberliegenden Wand, unterhalb des Dzierzynski-Porträts, befand sich ein kleinerer Tisch, auf dem sich ein seltsam kantiges Gebirge türmte, mit einem weißen Tuch geschickt drapiert. Das mussten die »Auszeichnungen« sein, die er heute Abend seinen Mitarbeitern auszuhändigen gedachte.

Dazwischen die lange Tafel mit dem Blick zum Fenster, die Tür im Rücken. Bei der Vielzahl der Tische, die für vierundvierzig Mitarbeiter zusammengeschoben werden mussten, hatten sich diverse Höhenunterschiede nicht ganz vermeiden lassen, waren aber geschickt durch überlappende Tischtücher und grüne Zweige eliminiert worden. An jedem Platz befand sich ein Kaffeegedeck, Tasse rechts, Henkel rechts, Teelöffel zur rechten Seite, so wie er das wünschte, ein Bierglas, ein Sektglas und ein Schnapsglas. Vor jedem dritten Platz stand eine Haushaltskerze auf einer Untertasse mit dem gleichen grünen Rand wie die Kaffeegedecke. Das Entzünden von Kerzen war sonst im ganzen Komplex untersagt. Aber heute, am 22. Dezember, hatte er eine Ausnahmeregelung durchsetzen können. Dazwischen befanden sich abwechselnd ein Teller mit Stollen, fertig aufgeschnitten, bzw. ein Teller mit Lebkuchen. Gerade wollte er durchzählen, ob alle seiner Getreuen erschienen wären, als seine Sekretärin mit den leicht vereisten Flaschen zurückkehrte. Schwungvoll setzte sie, wie im Vorübergehen, aller drei Plätze eine Flasche ab und forderte auf, sie schnell zu öffnen, ehe sich die Raumtemperatur ihrer bemächtigte. Als hätten alle nur darauf gewartet, fanden sich mehr Hände, die erlösende Drehung des Verschlusses zu vollziehen, als nötig waren. Die kleinen Gläser füllten sich. Körner blickte die Tafel entlang. Und als er sah, dass auch das letzte Glas ergriffen worden war, stand er auf, schlug die Hacken zusammen und rief: Prost, Genossen!

Die hatten es ihm gleichgetan und antworteten im Chor: Prost, Genosse Hauptmann! Wie auf Kommando wurden die Arme auf Schulterhöhe angewinkelt, die Gläser leicht gekippt, der Kopf in den Nacken geworfen und der eisige Wodka in die gierige Kehle geschüttet.

Setzt Euch, Genossen.

Er griff in seine Innentasche und zog ein mehrfach gefaltetes Manuskript hervor. Am anderen Ende der Tafel, vor dem Fenster, öffneten die ersten den obersten Kragenknopf und setzten sich bequem. Körner war für lange und ermüdende Reden bekannt. Andererseits gab es am Jahresende so manches zu resümieren.

Körner, nachdem er eine kleine Einleitung allgemeineren Inhalts vorgetragen hatte, konzentrierte sich ganz auf die Beschlüsse des 10. Parteitags und deren konsequente Umsetzung durch die Genossen an allen Brennpunkten der Republik. Er beschwor den erneuten und wiederum verstärkten Leistungswillen der werktätigen Bevölkerung in Stadt und Land. Er sprach von der großen Zustimmung zu den Beschlüssen des Parteitags nicht nur bei den Genossen der führenden Partei, sondern auch in den Blockparteien, selbst bei den Künstlern und Kulturschaffenden, bei denen, wie ja vor allem Genossen der Abteilung XX wüssten, vorbehaltlose Zustimmung nicht immer selbstverständlich sei. Er rief die freimütige Diskussion auf dem Parteitag in Erinnerung, von der das NEUE DEUTSCHLAND berichtet habe. Er zitierte anerkennende Kommentare westlicher Massenmedien wie der Organe der DKP und der SEW. Er verwies drohend auf diffamierende Äußerungen der westdeutschen Springer-Presse und kündigte an, auch diese werde in nicht allzu ferner Zeit die Überlegenheit des Sozialismus anerkennen müssen. Er machte aus seiner Überzeugung kein Hehl, dass die alltäglichen Realitäten die großen Entwicklungen vorwegnähmen und immerfort bestätigten.

Dabei bezog er sich und seine Mitarbeiter mit ein und gelangte, indem er sein Manuskript wieder einsteckte, langsam in die Niederungen des geheimpolizeilichen Alltags. Er bemerkte wohl, dass einige seiner Mitarbeiter Mühe hatten, seiner Rede aufmerksam zu folgen, andererseits wollte er doch bestimmte Dinge heute, am letzten Tag im Jahr, wo er sie alle noch einmal zusammen hatte, nicht unerwähnt lassen. Um die angespannte Situation etwas aufzulockern, wandte er sich erneut an seine Sekretärin: Elvira, du kannst inzwischen doch schon mal Kaffee einschenken. Sei so gut.

Die ließ sich nicht zweimal bitten, war so doch wenigstens sie der Pflicht enthoben, mit interessierter Miene zu verfolgen, was sie im Tiefsten langweilte. Sie hörte, während sie den braunen Saft in die Tassen plätschern ließ, wie ihr Chef vom Feind und seinen Anschlägen sprach. Sie sah, wie einer der Mitarbeiter sich erschrocken aufrichtete, als Körner die Wachsamkeit der Sicherheitskräfte beschwor. Als sie mit zwei neuen Kannen in den Raum zurückkehrte, ging es gerade um die erfolgreiche Zurückdrängung Ausreisewilliger. Als sie die leeren Kannen hinausbrachte, hörte sie gerade noch, dass das Eindringen in kirchliche Kreise erfolgreich verlaufen sei und zuverlässige IM gewonnen worden seien. Als es um die Sicherung der Volkswirtschaft ging, schenkte sie gerade die letzte Tasse Kaffee aus. Sie nickte Körner kurz zu und ging zu ihrem Platz zurück. Körner, dem die mangelnde Aufmerksamkeit seiner Mitarbeiter nicht entgangen war, hatte dennoch das gute Gefühl, sich einer Aufgabe zu entledigen, die man von einem vorbildlichen Leiter erwarten konnte. Für einen Moment unterbrach er sich, als er bemerkte, dass einer seiner Mitarbeiter offenbar endgültig eingeschlafen war. Die Blicke der anderen folgten den seinen und fixierten jetzt den Schläfer, jederzeit darauf gefasst, der Hauptmann könne plötzlich losschreien und die Feier schmeißen. Der aber hatte sich schnell wieder im Griff, lächelte huldvoll und sagte trocken: Ihr müsst ihn nicht wecken, Genossen. Uns ist aus unserer operativen Arbeit doch nichts Menschliches fremd. Wenn wir wieder anstoßen, wird er schon zu sich kommen. Insgeheim aber prägte er sich diese Situation und den Namen des Genossen ein. Anfang Januar würde er ihn zu sich kommen lassen. Und bis dahin hätte er sich auch eine empfindliche Strafe für diesen Angriff auf seine Autorität ausgedacht. Zumindest aber war ihm nun deutlich geworden, er musste schnell zum Schluss kommen. Also Genossen, fasste er seine Gedanken zusammen, der Feind schläft nicht, und er wird mit Erschrecken feststellen müssen, wir auch nicht. In dem Moment schlug der Schläfer seine Augen auf, schaute erschrocken zu beiden Seiten und setzte sich so, dass der Hauptmann sein zustimmendes Nicken sehen musste.

Ungeachtet dessen, dass der Kaffee in ihren Tassen kalt zu werden begann, beschloss Körner seine Rede mit den Worten: Darauf lasst uns anstoßen, Genossen!

Nach einem durchaus anständigen kleinen Applaus griffen alle, nun doppelt gierig, zu ihren Gläsern, die sich in der Zwischenzeit geheimnisvoll und manchmal sogar mehrfach gefüllt hatten, sprangen von ihren Sitzen auf und riefen: Hipphipp hurra, hipphipp hurra, hipphipp hurra!

Das war das Signal. Im Nu verwandelte sich der Raum in eine Bahnhofshalle. Das allzu lang angestaute Erzählbedürfnis brach mit einem Mal hervor. Der Geräuschpegel überstieg binnen weniger Minuten das Maß des Erträglichen. Über das allgemeine Geraune erhoben sich laute Stimmen, die quer über die Tafel hinweg Botschaften zu vermitteln suchten, die mit herzhaftem Lachen beantwortet wurden. Ab und an legte sich kreischend der Diskant der beiden Protokollantinnen darüber, die Glas um Glas mit ihren Nachbarn ringsum anzustoßen aufgefordert wurden. Auch Körner wurde langsam lockerer und öffnete den obersten Hemdknopf hinter seiner grüngrauen Krawatte. Elvira, Körners Sekretärin, hatte zu tun, die Tafel mit immer neuem eisigem Wodka zu versorgen.

Einer aus der Gruppe der Kulturverantwortlichen bemühte sich indes, den Plattenspieler in Gang zu bringen, dessen Tonarm immer wieder in Ausgangsstellung zurücksprang. So dauerte es einige Zeit, bis sich die Lieder der zwei genehmigten Schallplatten nahezu unbemerkt in den allgemeinen Geräuschpegel einfügen konnten. Erst als Peter Schreier zum vielleicht zwanzigsten Male wiederholte, O Tannenbaum, o Tannenbaum, dein Kleid will mich was lehren ..., schien den ersten aufzufallen, dass das Kulturprogramm begonnen hatte.

Und als daraufhin einer der Genossen Genossin Elvira, die gerade leere Flaschen nach draußen bringen wollte, auf ihr großgeblümtes Hinterteil schlug und sang, O Elvira, o Elvira, dein Kleid will uns was lehren ..., erscholl wildes Grölen. Ein langer, etwas hagerer Genosse erhob sich und wartete geduldig, bis Ruhe eingekehrt war. Dann sagte er: Genossen, die Kulturverantwortlichen haben mich gebeten, einige von meinen Gedichten vorzutragen. Er machte eine kleine Pause, schloss für einen Moment die Augen und holte tief Luft. Dann trug er mit ruhiger, ausdrucksloser Stimme seinen ersten Beitrag vor:

Jahresende

Bald wird das Planjahr enden.
Wir haben Tag und haben Nacht
Getreulich unsern Staat bewacht
Mit Kopf und Herz und Händen.

Der Feind hat nicht geschlafen.
Wir standen tapfer an der Front
Und haben, was verlangt, gekonnt
Durch Abwehr, Kampf und Strafen.

Wir lieben unsern guten Staat
Und stehn im Dienste der Partei,
Damit der Sozialismus ei-
Ne große Zukunft hat.

Der übertrieben heftige Applaus und das laute Lachen und Erzählen, das erneut einsetzte, kaum dass er geendet hatte, ließ ihn von einem weiteren poetischen Angebot vorerst Abstand nehmen. Der Hauptmann stand auf, um seinem Talent im Kreis der Mitarbeiter ermunternd auf die Schultern zu klopfen. Dann wandte er sich um und verließ den Raum.

Als er zurückkehrte, hatten die Genossen die Arbeit der defekten Schallplatte selber übernommen und sangen und johlten die gängigen Weihnachtslieder. Die Tafel glich jetzt der eines Gelages. Genossin Elvira brachte schon lange nicht mehr die leeren Flaschen hinaus. Und wer Nachschub brauchte, griff auf die Bierkästen zu, die neben dem Weihnachtsbaum aufgestapelt standen. Körner setzte sich und wollte soeben einen Witz loswerden, als ihn eine Melodie erreichte, die ihm hierher nicht zu passen schien. War das nicht *Süßer die Glocken nie klingen ...?* Genossen, rief er, aber da waren die meisten schon in den Gesang mit eingefallen. Genossen, rief er jetzt noch lauter. Der Gesang brach ab und betretenes Schweigen trat an seine Stelle. Genossen, sagte er, wer sind wir denn, dass wir es nötig hätten, diesen *relijösen* Quatsch nachzuplappern! Was soll das mit *Engelein* und *Christkindlein* und so! Überlasst das den Ewiggestrigen, der Kirche und der Bourgeoisie. Wir vertreten doch die wissenschaftliche Weltanschauung des Marxismus-Leninismus. Da passt das nicht zu. Auch Weihnachten nicht. Vielleicht sollten wir langsam, dabei schob er seinen linken Ärmel zurück und warf einen Blick auf seine Armbanduhr, also langsam, meine ich, zur – sagen wir Auszeichnung übergehen. Es sei denn, der Genosse Stock hat noch ein Gedicht für uns.

Der ließ sich nicht zweimal bitten, sprang auf und nahm Haltung an. Wieder schloss er für einen Moment die Augen und holte tief Luft, ehe er den Titel vortrug: Weihnachten.

Jahresarbeit ist vollbracht.
Letzter Einkauf ist gemacht.
Kinderaugen glühen wegen
Weihnachten dem Fest entgegen.

Gabentisch ist bunt und schwer.
Konsum und HO sind leer.
Denn am Ende eines Jahres
Findet man viel Wunderbares.

Ach wie wird da rumgejubelt,
Wenn das letzte umgerubelt!
Feuerwehr und Eisenbahn,
Panzer, Puppe, Hampelmann.

Und die Eltern gönnen sich
Einen echten Kupferstich
Vom Palast der Republik
Und von Bertolt Brecht ein Stück.

Tagelang geht es hoch her
In der ganzen DDR.
Wer in unserem Staate wohnt
Weiß, der Sozialismus lohnt.

Wieder viel zu lauter, viel zu stürmischer Applaus. Nur Hauptmann Körner hielt sich merklich zurück, als hätte er etwas anzumerken. Aber er schien es sich zu verkneifen oder für später aufzuheben.

Jetzt richteten sich die Blicke gespannt auf den kleinen Tisch unter dem Dzierzynski-Porträt. Die Protokollantinnen hatten zu beiden Seiten Aufstellung genommen. Man hätte an eine Aufbahrung denken können, wenn nicht die Umstände und das übermütige Grinsen der beiden Frauen einen solchen Vergleich verbieten würden. Auf ein Zeichen Körners hin zogen sie mit spitzen Fingern zeitgleich das Tuch nach oben und gaben den Blick auf einen Berg von fünfundvierzig bunten Päckchen frei. Der Leiter der Kulturgruppe trat vor und begann mechanisch in alphabetischer Reihenfolge die Namen der Genossinnen und Genossen zu verlesen, die sich hier das ihnen zugedachte Päckchen abholen mussten. An ihren Platz zurückgekehrt, durfte jeder das Seinige auspacken. Und auf einmal schien es, als sei in die weihnachtlich-sozialistische Nüchternheit die bunte Glitzerwelt des Klassenfeindes eingebrochen. Glänzende Schokoladen-Weihnachtsmänner, weiße Schokolade in goldbedrucktem Papier, Pralinen mit dem französischen Namen Mon Chéri, kleine Kosmetikartikel in farbigen Glasflaschen oder bunt bedruckten Pappschachteln, Zigaretten und Tabak mit Namen aus dem Operationsgebiet ... Und für den Hauptmann eine kleine Flasche Asbach Uralt.

Genossen, ließ sich seine Stimme vernehmen, es kann nicht sein, dass die gelegentlich noch bestehenden Mängel in der Versorgung der Bevölkerung immer die zu spüren bekommen, die treu zu ihrem Staat stehen. Deshalb hat der Genosse Minister angeordnet, dieses Jahr die Abteilungen, die sich besonders verdient gemacht haben, mit einer kleinen Gratifikation aus dem konfiszierten Bestand der Genossen vom Zoll auszuzeichnen. Und wie ihr seht, unsere Abteilung gehört dazu. Bei unserem Organ muss nicht befürchtet werden, dass wir uns von den Früchten der Ausbeutergesellschaft blenden lassen. Ich hoffe, das gilt auch für eure Familien.

Dann warf er wieder einen Blick auf seine Uhr und schloss: wenn ich mich jetzt zurückziehe, habt Verständnis. Auf mich wartet morgen ein harter Tag. Ich wünsche euch noch eine schöne Feier und denen, die ich vor Jahresbeginn nicht mehr sehe, ein frohes Fest.

Obwohl keiner Anstalten machte, sich zu erheben, winkte er jovial ab: bleibt ruhig sitzen, Genossen! und verschwand.

Das Reinigungspersonal, das nachts um zwei Uhr seinen Dienst beginnt, traute seinen Augen nicht, als es im Raum 4212 eine Meute durcheinander schreiender Männer mit glasigem Blick vorfand, die – ihrer Jacketts und Krawatten ledig – mit zotigen Bemerkungen eine Frau verfolgten, die in Slip und Büstenhalter auf der Tafel entlang schritt. Elvira, jetzt den BH, rief einer. Jetzt den BH, fielen die anderen ein. Sie winkelte bereits die Arme unter den Schulterblättern, um ihren

Genossen auch noch diesen Gefallen zu tun. Da aber schritt die Leiterin der Reinigungsbrigade hart ein. Schluss jetzt, rief sie, ihr habt genug Weihnachten gefeiert. Nun zieht euch mal wieder ordentlich an und seht zu, dass ihr nach Hause kommt. Wenn dieser Raum heute früh um sieben nicht picobello aussieht, spielt der Alte verrückt – und ich denke, ihr wisst, was das heißt. Und als hätte der Hauptmann persönlich gesprochen, sofort erhoben sich alle von ihren Plätzen, griffen nach ihren Jacketts, griffen noch ein letztes Mal zum Glas und riefen mit einem süffisanten Nicken zu Elvira, die sich gerade wieder in ihr Kleid zwängte: Prost, Genossen.

Und eine Bus- oder Straßenbahnfahrt lang unterschieden sie sich nicht von den anderen, die beschwingt von ihren Betriebsweihnachtsfeiern nach Hause zurückkehrten.

Christoph Münchow

Zwei Repliken des Herausgebers zur Vermeidung eines Nachworts

I.

... Sie haben ja vollkommen recht. Aus jeder Ihrer Zeilen lese ich die Empörung, dass sich ausgerechnet ein evangelischer Verlag mit seinem Buchtitel als Trittbrettfahrer den Engelboom zunutze macht, der Anfang September beginnt und sich in Esoterik-Büchern und Wellness-Angeboten ganzjährig tummelt. Über die gegenwärtige Hochkonjunktur der Engel wundere ich mich auch manchmal, glauben Sie mir das!

Es ist schon erstaunlich, dass auch Menschen, die sich als modern und aufgeklärt bezeichnen, die Schokoladenengel ohne zu zögern in ihrem Warenkorb zwischenlagern, auch wenn sie meinen, die Sache mit den Engeln sei hinterwäldlerisch und unvernünftig.

Darf ich Sie fragen, warum sie mir Ihren Vornamen nicht mitgeteilt haben? Heißen Sie etwa wie der Engel Michael (»Wer ist wie Gott?«) oder Gaby oder Gabriele (»Gott ist mein Held!«) oder Raphael (»Gott heilt!«)? Oder gar Angela mit der schlichten Bedeutung: »Engel«? Diese Namen haben biblische Wurzeln, auch der deutsche Michel mit der Zipfelmütze als biedermeierliche Metamorphose des Erzengels Michael, der ursprünglich als Schutzpatron des Heiligen Römischen Reichs und dann Deutschlands galt. Ob wir wollen oder nicht: Wir begegnen Engeln oder sie uns häufiger als wir vermuten und manchen lieb ist. Möglicherweise war das auch der Grund, dass gegen Ende der DDR-Zeit der Volkswitz die bunten Holzengel aus dem Erzgebirge »geflügelte Jahresendpuppen« titulierte.

Zugestanden, die Einwände der aufgeklärten Vernunft sind ernst zu nehmen. Sie fragt nach Ursache und Wirkung und nimmt unkritisch tradierte Irrtümer ins Visier. Aber die Vernünftigen wissen, dass es im Leben mehr gibt als das, was sich zählen und messen und in Rendite und Kontoauszügen darstellen lässt. Es gibt eine Sehnsucht auf das Ganze. Das ist nun kein Freibrief für die Zunft der Theologen, im Zwielicht leichte Beute einzuheimsen. Aber vielleicht helfen uns Bilder und Gleichnisse, den Mehrwert des Lebens zu erahnen. Dazu zählen die »guten Mächte«, von denen Ende 1944 Dietrich Bonhoeffer in einem Brief an seine Verlobte aus dem Gefängnis schrieb und beispielhaft vor allem Gebete, gute Gedanken, Bibelworte, längst vergangene Gespräche, Musikstücke und Bücher nannte. Diese bilden »ein großes, unsichtbares Reich, in dem man lebt und an dessen Realität man keinen Zweifel hat.« So mag auch die Rede von Engeln uns helfen, der Sehnsucht nach dem Ganzen Flügel zu geben.

Dafür sind meiner Meinung nach die Engel die Wegweiser und Platzhalter, sie alle, die zum Reinbeißen süßen Schokoladenengel oder ihre Verwandten aus Zuckergebäck, die Engel geschnitzt aus Lindenholz, aus anderen Hölzern gedrechselt, aus Stroh, Rauschgold, Pappmaché, Buntpapier oder Keramik. Eine andere Sorte Engel ist für den Handel ungeeignet. Das sind die Engel »ohne Flügel, wie ich es selbst gesehen hab«. Wer das gesagt hat? Sie werden lachen, Heinrich Heine.

Ich stimme Ihnen zu, die Bibel redet bewusst nur andeutend und zurückhaltend von den Engeln. Sie kommen zuweilen in Menschengestalt, manchmal ist auch von Flügeln die Rede oder es wird gar nichts über ihr Aussehen gesagt. Die Maler und Dichter sind dagegen kreativ und scheren sich wenig um diese Zurückhaltung.

Thomas Rosenlöcher schreibt in einem Text mit dem bezeichnenden Titel »Engel hab ich mir abgewöhnt«, dass es sich bei Engeln »meist mehr um winzige Wesen« handle, »um sakrale Insektenarten oder pfingstgeistliches Schwalbengeflatter, wovon sich einiges immerhin bis heute erhalten hat. Ob dergleichen vom lieben Gott kam oder doch mehr nur Abrieb einer gottlosen Welt war, weiß ich bis heute nicht. Wie Schneeflocken und Blütenblätter mochten es immerhin Botschafter aus einer anderen Welt sein, insofern ihr Benehmen nicht ganz von dieser Welt war. Ähnlich wie mancher Elbtalbewohner im denkwürdigen Jahr 1989 auch ein gewisses Engelverhalten an den Tag legte, so er einmal auf der Straße, Kerze in der Hand, mit piepsiger Stimme ›Keine Gewalt‹ rief.«

Zur Ehre der Theologen möchte ich Sie darauf hinweisen, dass Martin Luther, der die Anrufung der Engel im Gebet und ihre Anbetung tadelte, in protestantischer Nüchternheit und Begeisterung jedoch rät: »Wenn Du einen Engel recht malen willst, so male dir, so freundlich du kannst, einen milden, hilfsbereiten Menschen«.

So stehen die Engel, wenn wir uns eine Vorstellung von ihnen machen wollen, nah bei den Menschen und wenn's gut geht, die Menschen nah bei den Engeln. Beide, Engel und Menschen, sind zu Sachwaltern dessen bestimmt, was dem Menschen dient und ihn menschlich macht. Lassen Sie mich aus einer Predigt Luthers aus dem Jahr 1531 in Wittenberg über die Engel zitieren: »Sie tun, was ihnen aufgetragen ist, und wir tun, was uns aufgetragen ist, damit wir und sie Gott preisen und ihn als Geber und Schöpfer anerkennen.«

Nun höre ich Sie schon stöhnen, dass nun auch noch Gott ins Spiel kommt, obwohl die Sache mit den Engeln schon schwierig genug ist. Trotzdem, ich will nicht locker lassen und bei der biblischen Überlieferung einsetzen. Der zufolge haben Engel einen Auftrag. Sie kommen von Gott. Sie sollen etwas bewirken.

Sie wissen es ja auch: Auf jeden von uns Menschen wirken in seinem Lebenskreis und Lebensumfeld viele Kräfte und Mächte ein, deren Wirksamkeit wir wahrnehmen, ohne sie genau bestimmen zu können. Oft bleiben sie uns verborgen oder wir erkennen sie erst später. Dennoch sind sie für uns und an uns wirksam, die Kräfte zum Guten – aber auch die zum Bösen. Auch kritische Zeitgenossen, die es anmaßend finden, als religiös bezeichnet zu werden, sagen frei heraus: »Da hatte ich einen Schutzengel«, wenn es haarscharf gelang, einen Verkehrsunfall zu vermeiden oder eine riskante Situation bei einer Bergwanderung glimpflich ausging. Manche sagen es schnoddriger: »Da bin ich dem Tod noch mal von der Schippe gesprungen.«

Wie auch immer Sie es halten: Wenn wir im Blick auf unser Lebensumfeld oder auf den Himmel über uns die guten Mächte und Kräfte gewähren lassen, die auf uns einwirken, dann ist in der Sprache des Glaubens von der Zuwendung und dem Wirken Gottes die Rede. Das lässt sich im eigenen Leben, in der Natur und im Gang der Geschichte mit ihren Lichtblicken trotz vieler Katastrophen wiederentdecken. Und so ist auch von den Engeln die Rede. Sie sind nicht einfach eine Ausgeburt frommer Fantasie. Sie sind ein verdeutlichendes Sinnbild und eine Verkörperung der guten Kräfte und Mächte, die uns von Gott als Bewahrung und Wegweisung »über Bitten und Verstehen« zukommen.

Möglicherweise stimmen Sie mir zu, dass es manchen Zeitgenossen leichter fällt, von einem Schutzengel zu reden als von Gott, zumal wir in einer Zeit leben, die von einer Gottvergessenheit geprägt ist und diese oft nicht einmal mehr wahrnimmt. Übrigens können Sie das auch in den Gedichten und Geschichten zu Advent und Weihnachten entdecken.

Ich höre schon andere kritische Stimmen, dass manche Texte die Anwesenheit kompakter christlicher Aussagen vermissen lassen. Aber die Feststellung der Abwesenheit stellt ja die Frage nach dem, was eigentlich anwesend sein sollte, um auf Spurensuche gehen zu können.

Beispielsweise die Abwesenheit der Wohnungsinhaber ermöglicht es dem säkularen Weihnachtsmann, dass er es sich ersatzweise gemütlich macht. Und verdeckt kann es zum Hinweis werden auf eine tiefer gehende Abwesenheit des Christlichen, um es nicht schärfer zu sagen: des Gottesgedankens. Aber es taucht dann in manchen Texten ein Weihnachtslied auf, das im Hintergrund erklingt, so dass eine Ahnung des christlichen Ursprungs des Weihnachtsfestes hörbar wird. Dieser Ursprung ist selbst dann anwesend, wenn sich Hauptmann Körner auf der Weihnachtsfeier der Stasi-Genossen die Weihnachtslieder als »relijösen Quatsch« verbittet.

Sie mögen entgegnen: »Das sind doch nur Restbestände!« »Jawohl«, sage ich, aber sie sind da und melden sich. Beispielsweise die Engel, die zu Weihnachten Hochkonjunktur haben. Sie sind nicht Restbestände einer vergangenen Welt, sondern Repräsentanten einer tiefen Sehnsucht nach dem Ganzen und nach Erfüllung, die wir uns nicht selbst erarbeiten und erkaufen können.

Was meine ich? Als Stellvertreter wirken die Engel für Gott, der ja nach dem biblischen Zeugnis und nach dem Glauben und der Erfahrung von Christen die Orientierung für das Leben gibt und ein Nothelfer ist, nämlich »aus aller Not, aus der Dir weder Mensch noch Engel helfen kann. Gott hütet uns durch die Engel, damit in allem Gott die Ehre bleiben«. So predigte es Martin Luther. Die Engel stehen für Gott, aber nicht anstelle Gottes.

Dass auf unserem Planeten zuweilen der Teufel los ist und Teufelszeug das Leben bedroht, werden Sie auch wahrnehmen können – wie auch diejenigen, denen es fremd ist, von Gott zu reden. Ich halte es für notwendig, um Gottes willen und der Menschen willen auch von Engeln zu reden, um so in sinnbildlicher Sprache anklingen zu lassen, dass es auch in Zeiten der Gottesvergessenheit eine Ahnung gibt von dem realen menschendienlichen Wirken Gottes und von den lebensdienlichen Mächten. Sie umfangen und erhalten unser Leben, damit auch in schwierigen Zeiten mit gutem Grund die Menschen etwas zu lachen haben ...

II.

... ich hätte es mir denken sollen, dass mein letzter Satz Ihren grundsätzlichen Widerspruch herauslockt. Sie fragen, wo denn bitteschön der biblischen Überlieferung zu entnehmen sei, dass Engel lachen, wie es der Buchtitel ankündigt.

Vielleicht können wir uns zunächst verständigen, dass in der Bibel das Lachen der Menschen einen Platz hat. Das oft skeptische »Buch des Predigers« im hebräischen Teil der Bibel konstatiert: »Weinen hat seine Zeit und Lachen hat seine Zeit«. Sara lacht, weil sie nicht fassen kann, dass sie in hohem Alter noch ein Kind bekommen soll. Und Psalm 126 schaut zurück auf die von Gott herbeigeführte Wende: »Als der Herr Zions Geschick wendete, da waren wir wie die Träumenden. Da war unser Mund voll Lachens.« Und eine der Seligpreisungen Jesu im Lukasevangelium lenkt den Blick ins Künftige: »Selig seid ihr, die ihr jetzt weint, denn ihr werdet lachen.« Und sollte Jesus selbst nicht gelacht haben, wenn er mit den Jüngern auf dem Wege war und sie sich an den Lilien auf dem Felde freuten und Loblieder sangen – obwohl davon nichts schriftlich überliefert ist?

Dass jedoch Engel lachen, da haben Sie recht, davon ist partout in der Bibel nichts zu lesen. Sie singen und loben – aber vom Lachen ist nicht die Rede. Freilich ist es nicht abwegig, dass auch Engel lachen, etwas zu lachen haben und lachen dürfen.

Zumindest im Dom zu Regensburg. Der lachende Engel, um 1280 von einem unbekannten Bildhauer geschaffen, lockt bis heute die Gläubigen und Busladungen von Touristen in den Dom. Es wäre vermessen zu sagen, dass er biblisch oder kunsthistorisch ein Ausrutscher ist. Er zeigt eine Wahrheit: Auch Engel lachen und haben Grund dazu.

Was Engel so alles zu tun haben und was Engelsdienst ist, lassen die Weihnachtsgeschichten bei den Evangelisten Lukas und Matthäus anklingen. Die Engel haben eine Botschaft zu überbringen: Sie sagen den Hirten die Zeit an und welche Stunde es geschlagen hat. So auch der Verkündigungsengel Gabriel, der sich zugleich als Dolmetscher betätigt, damit Maria die Botschaft verstehen und sich zu Herzen nehmen kann.

Sie sind Friedensengel, die den Frieden auf Erden verkünden, wie in ihrem Gesang über der kargen Weide bei Bethlehem für die Hirten. Sie sind Wegweiser, da sie die Hirten auf den Weg zur Krippe hinweisen – wie der Stern für die drei Sterndeuter in königlicher Würde. Engel warnen und behüten vor falschen Wegen, geben Weggeleit und beschützen, wie der Engel, der den erstaunten Kindesvater Joseph mit der kleinen Familie nach Ägypten fliehen heißt.

Aber lachende Engel? Warum eigentlich nicht?

Wenn die Osterkantate von Johann Sebastian Bach erklingt »Der Himmel lacht, die Erde jubiliert«, dann ist die Musik ein auskomponiertes Lachen der Menschen, der Erde und des Himmels und der ganzen Schöpfung mitsamt den Engelkräften. Vermutlich sollte das Osterlachen ein matter Abglanz davon sein, wenn nach alter Sitte der Prediger aus den andächtigen Predigthörern das Lachen herauszukitzeln hatte, damit sie nicht über andere lachen, sondern aus Freude darüber, dass durch Tod und Auferstehen Jesu Christi der Tod seine Macht und seinen bedrängenden und angstmachenden »Stachel« verloren hat.

Dieses Lachen aus Freude über den Sieg und die Übermacht des Lebens über das Böse und Lebensbedrohliche ist auch zu Weihnachten am Platz, und sei es auch in Form des Lachens über die Situationskomik, die Feiertagslaune und das Weihnachtsgehabe. Die Freude und das Lachen über die letztlich unzerstörbare Macht des Lebens gehen von dem Krippenkind aus. »Gottes Sohn, o wie lacht Lieb aus seinem göttlichen Mund« haben bestimmt auch Sie in dem beliebtesten deutschen Weihnachtslied gesungen oder gehört.

Dass Engel auf das neugeborene, verletzliche Krippenkind schauen und singen und auch die Menschen zum Weihnachtsgelächter herauslocken wollen, haben die Maler und Dichter vielfältig dargestellt. Das ist ein Engelsdienst dem Teufelswerk und Teufelszeug zum Trotz. Freilich: Die gemalten Engel umstehen die Krippe, aber sie ersetzten nicht das Kind Jesus, dessen Lebensweg im Futtertrog beginnt und der für alle Zeiten seinen Weggefährten Befreiung, Orientierung und Lebensmut zukommen lässt.

Ich gestehe Ihnen gern zu, dass sich solche Gedanken nicht sofort erschließen. Mit purer Vernunft allein ist dem nicht beizukommen, obwohl der Leipziger Professor für Physik Gustav Theodor Fechner 1831 in seiner »Anatomie der Engel« nachweisen wollte, dass die Engel analog zu den Planeten als Wesen ohne Beine eine kugelförmige Gestalt haben und sich über den normalen »mittleren« Zustand beim Schluchzen oder Lachen entweder zusammenziehen oder ausdehnen. Wohl weniger der versuchte wissenschaftliche Beweis, sondern eher Erfahrungen des Lebens und des Glaubens führen zum Grund vom Lachen der Engel und Menschen. Am besten, Sie lesen es selbst.

ZUGABE

Hanns-Dieter Hüsch

Segen zum Geleit

Im übrigen meine ich
dass Gott uns das Geleit geben möge
Immerdar
Auf unserem langen Weg zu unserer Menschwerdung
Auf dem endlos schmalen Pfad zwischen Gut und Böse
Herzenswünschen und niedrigen Spekulationen
Er möge uns ganz nahe sein in unserer Not
Wenn wir uns im dornigen Gestrüpp der Wirklichkeit verlieren
Er möge uns in den großen anonymen Städten
wieder an die Hand nehmen
damit wir seiner Fantasie folgen können
Und auf dem weiten flachen Land
wollen wir ihn auf unseren Wegen erkennen
Er möge uns vor falschen Horizonten und
dunklen Abgründen bewahren
So daß wir nicht in Richtungen wandern
die uns im Kreise und an der Nase rumführen
Er möge unseren kleinen Alltag betrachten
den wir mal recht mal schlecht bestehen müssen
Die 12 Stunden Unrast und die 12 Stunden Ruhe vor
dem Sturm
Er hat den Tag und die Nacht geschaffen
Hat auch den Alltag gemacht und den Schlaf
Gott hat auch den Traum und das tägliche Leben geschaffen
Und er möge uns die vielen Streitigkeiten von morgens bis abends
verzeihen

Das Hin und Herlaufen zwischen den vielen Fronten
Und all die Vorwürfe
die wir uns gegenseitig machen
Möge er in herzhaftes Gelächter verwandeln
und unsere Bosheiten in viele kleine Witze auflösen
Wir bitten ihn Zeichen zu setzen und Wunder zu tun
daß wir von all unseren Schuldzuweisungen ablassen
und jedwedem Gegner ein freier Gastgeber sind
Er möge uns von seiner Freiheit ein Lied singen
auf daß wir alle gestrigen Vorurteile außer Kraft
und alle Feindseligkeiten außer Gefecht setzen
Gott unser Herr möge auch manchmal ein Machtwort sprechen
Mit all jenen Herren, die sich selber zu Göttern ernannt
Die Menschen durch Maschinen ersetzen
und für Geld Kriege führen
Und mit Drogen alle Zukunft zerstören
Er möge sich unser erbarmen
Am Tage und in der Nacht
In der großen Welt und in der kleinen Welt unseres Alltags
Er möge uns unsere Krankheiten überstehen lassen
und uns in der Jugend und im Alter seine Schulter geben,
damit wir uns von Zeit zu Zeit, von Gegenwart zu Gegenwart,
an ihn anlehnen können, getröstet, gestärkt und ermutigt.
Amen.

Quellenverzeichnis

Detlev **Block**, Gott schickt Engel, © Detlev Block, Bad Pyrmont

Karel **Čapek**, Die Heilige Nacht
aus: Karel Čapek, Wie in alten Zeiten. Das Buch der Apokryphen. Aus dem Tschechischen von Eckhard Thiele. S. 62–65. © Aufbau Verlag GmbH & Co. KG, Berlin 1977.

Sylvia **Eggert**, Engels Werk
aus: Lebens Laute, leise ... S. 24–26. Engelsdorfer Verlag, Leipzig 2012, © Sylvia Eggert, Leisnig

Kai **Engelke**, Eine heilige Familie, © Kai Engelke, Surwold

Kai **Engelke**, Über die pädagogische Vermittlung weihnachtlicher Traditionen, © Kai Engelke, Surwold

Jutta **Fellner-Pickl**, Warum der Engel lachen musste
aus: Warum der Engel lachen musste – neue Geschichten zur Weihnachtszeit. S. 25–28. 2. Aufl. Claudius Verlag, München 1993, © Juttag Fellner-Pickl, Rimsting

Wolfgang **Fietkau**, Lass doch dem Kind die Flasche
aus: Mitten in der dunklen Nacht. Hrsg. v. Elisabeth Antkowiak. S. 82–87. Benno, Leipzig 1981, © Wolfgang Fietkau, Kleinmachnow

Kerstin **Hensel**, Advent, © Kerstin Hensel, Berlin

Klaus-Peter **Hertzsch**, Advent hinter sieben Türen, © Klaus-Peter-Hertzsch, Jena

Hanns Dieter **Hüsch**, Dezember – Psalm
aus: Hanns-Dieter Hüsch, Das kleine Weihnachtsbuch. S. 6, © tvd-Verlag, Düsseldorf 1997

Hanns Dieter **Hüsch**, Segen zum Geleit
aus: Das kleine Buch zum Segen, S. 4ff., © tvd-Verlag, Düsseldorf 1998

Erich **Kästner**, Weihnachtslied, chemisch gereinigt, © Atrium-Verlag, Zürich 1928 und Thomas Kästner

Christoph **Kleemann**, Der Engel von unten, © Christoph Kleemann, Blankenhagen

Christoph **Kleemann**, Prost, Genossen, © Christoph Kleemann, Blankenhagen

Christoph **Kuhn**, Die Abwesenheit, © Christoph Kuhn, Halle

Christian **Lehner**t, Weihnachtsgesang (Variation zu einem Lied von Paul Gerhardt), © Christian Lehnert, Leipzig

Siegfried **Lenz**, Das Wunder von Striegeldorf
Textfassung nach: Siegfried Lenz. Die Erzählungen. S. 349–355. 1. Aufl. 2006, © by Hoffmann und Campe Verlag, Hamburg.

Fadiey **Lovsky**, Eine Eule zu Besuch
aus: Vor der langen Zeit. Erzählungen zur Weihnacht aus Europa, Afrika, Amerika. Hrsg. v. Jörg Hildebrandt. S. 295–301. 3. Aufl. Evangelische Verlagsanstalt, Berlin 1974, © Jörg Hildebrandt, Woltersdorf b. Berlin (Übersetzung)

Georg **Magirius**, Ein großes Heer, das Frieden singt
leicht gekürzt aus: Georg Magirius, Der freie Blick zum Himmel. Eine nicht ganz alltägliche Weihnachtsgeschichte. S. 74–85. Echter Verlag, Würzburg 2007, © Georg Magirius, Frankfurt

Dietrich **Mendt**, Von der Erfindung der Weihnachtsfreude
aus: Dietrich Mendt, Von der Erfindung der Weihnachtsfreude. S. 40–44. 2. Aufl. 2012, © Evangelische Verlagsanstalt, Leipzig

Christoph **Münchow**, Zwei Repliken des Herausgebers zur Vermeidung eines Nachworts, © Christoph Münchow, Radebeul

Luigi **Pirandello**, Die Krippe eines Goi
aus: Luigi Pirandello, Meistererzählungen. Aus dem Italienischen von Percy Eckstein, Hans Hinterhäuser und Lisa Rüdiger. Copyright der deutschsprachigen Übersetzung, © 1987, 2008 Diogenes Verlag AG, Zürich

Sabine **Raczkowski**, Weihnachtssonett, © Sabine Raczkowski, Magdeburg

Jürgen **Rennert**, Die Weihnachtsgeschichte der Christen. Nach den Evangelisten Lukas und Matthäus in Reime gesetzt, © Jürgen Rennert, Berlin

Thomas **Rosenlöcher**, Der Kicherengel
aus: Thomas Rosenlöcher, Das Flockenkarussell. Blüten-Engel-Schnee-Gedichte. S. 31. Insel-Bücherei Nr. 1296, Insel-Verlag, Frankfurt am Main und Leipzig 2007, © Suhrkamp Verlag, Frankfurt am Main 1998

Thomas **Rosenlöcher**, Rettender Engel
aus: Thomas Rosenlöcher. Das Flockenkarussell. Blüten-Engel-Schnee-Gedichte. S. 40. Insel-Bücherei Nr. 1296, Insel-Verlag, Frankfurt am Main und Leipzig 2007, © Suhrkamp Verlag, Frankfurt am Main 1998

Gerhard **Schöne**, Ich steh an deiner Krippen hier
aus: Gerhard Schöne, Ich bin ein Gast auf Erden, © Gerhard Schöne, Meißen (Text), © BuschFunk Musikverlag, Berlin (CD)

Gerhard **Schöne**, Vom Himmel hoch
aus: Gerhard Schöne, Ich bin ein Gast auf Erden, © Gerhard Schöne, Meißen (Text), © BuschFunk Musikverlag, Berlin (CD)

Klaus **Seehafer**, Wo ist der Kleine? © Klaus Seehafer, Bitterfeld

Jürgen **Trogisch**, Gabriela oder der verlegte Wegweiser, © Jürgen Trogisch, Dresden

Martin **Walser,** Überredung zum Feiertag
aus: Weihnachtsgespräch. Abwandlungen eines alten Themas. Hrsg. Jörg Hildebrandt. S. 156. Evangelische Verlagsanstalt, Berlin 1973, © Martin Walser